普天之下・盡是好書

普天出版家族
Popular Press Family

凌雲 A-Plus Creative Company 文創

布雷茲里特曾說：「**如果沒有嚴冬，春天就不會那樣舒心宜人。**」
的確，我們若不是嚐過痛苦，受過折磨，就不會有苦盡甘來的甜美感覺，因此，當我們功成名就時，最需要感謝的，
就是那些曾經折磨過自己，甚至讓自己傷心難過得掉眼淚的人。

把別人的折磨
當成自己突破的磨練

感謝那些讓你吃苦的人

全集

凌越——編著

坦桑尼亞有句諺語說：「**絆倒總是向前，不會向後。**」
其實，那些在人生道路上將我們絆倒的「折磨」，背後都隱藏著激勵我們奮發向上的動機。
如果你想要在自己認定的領域有一番成就，
那麼，就必須懂得將別人對自己的刻薄、折磨，視為成功必經的磨練……

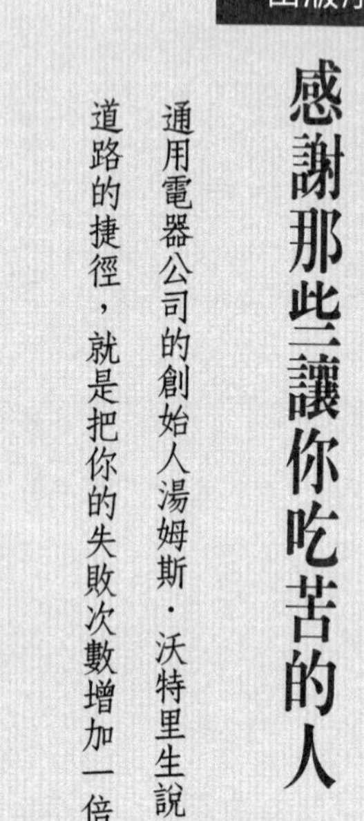

• 出版序 •

感謝那些讓你吃苦的人

通用電器公司的創始人湯姆斯．沃特里生說：「通往成功道路的捷徑，就是把你的失敗次數增加一倍。」

詩人作家歌德曾經寫道：「如果一個人不過高地估量自己，他就會比較能承受折磨和挫折。」

其實，對於某些人來說，挫折會讓他們自暴自棄，但是某些人卻把折磨當成是老天送給他的禮物。一個人倘若沒有經歷過慘痛的失敗教訓，那麼他只不過是汪洋大海中一條不起眼的小魚；唯有經歷過失敗經驗的人，日後才可能成爲大海中呼風喚雨的呑舟之魚。

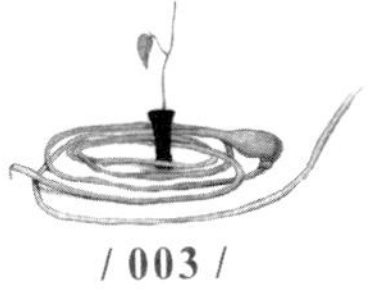

美國運動健將，世界十項全能紀錄的先驅拉爾夫．約翰遜，曾在各項國際比賽中獲得不少金牌和掌聲，但他卻經常說：「勝利，並不一定就等於成功。」他曾經對媒體記者說，在每次比賽時，他所得到的最大滿足，並不是打敗對手時的勝利感覺，而是當自己面臨對手強力挑戰時，飽受煎熬後能靠自己想出的方法擊敗對手的欣喜。

確實如此，當我們遭遇失敗時，不要把它當成命運的播弄，而應該思考如何在挫敗中重新振奮。

人生真正的冠軍，是對自己的失敗能夠積極反應的人；許多曾失敗過的成功者，之所以能東山再起，法寶就是積極面對失敗。

一個經常勝利的人，其實未必就是個真正的成功者。

失敗的折磨是邁向成功高峰的梯子，如果沒有這個梯子，所有的勝利都只是虛浮的。

通用電器公司的創始人湯姆斯．沃特里生說：「通往成功道路的捷徑，就是把你的失敗次數增加一倍。」

當我們遭遇失敗的時候，應該要告訴自己不氣餒、不失望、不喪志，如此才能在失敗的泥沼中走出一條新道路，獲得眞正的成功。

生活中所有的美好的事物，都是經由不斷地修正而達到完美，想要成功，首先當然要設法克服失敗。

只要你能把每次「失敗」帶來的教訓，認眞評析並掌握問題所在，那麼，每一次失敗都會是一次成長，你的人生不僅處處都充滿機會，而且不管遭到任何困難都能豁達以對。

有了這種積極的生活態度，你就會充滿活力，以愉悅的心情突破每個難關。

作家布雷茲里特曾說：「如果沒有嚴冬，春天就不會那樣舒心宜人。」

的確，我們若非有時嚐到痛苦，遭到折磨，就不會有苦盡甘來的甜蜜感覺，

因此，當我們功成名就時，最需要感謝的，就是曾經折磨過自己，甚至讓自己傷心難過得落淚的人。

每個人都會遭遇失敗挫折，只會怨天尤人的人終究闖不過眼前的難關；與其老是抱怨環境，不如心存感激，把折磨當成磨練自己的難得機會，勇敢接受各式各樣的砥礪。凡事都是相對的，失敗、挫折只是一時，唯有選擇帶著微笑面對，才能替自己創造更多成功的機會。

就像美國科學家哈里．弗斯特克所說的：「人生就像一場演奏會，就算你的琴絃斷了一根，你還是要想辦法以剩下的三根絃，繼續把自己的樂曲演奏完。」

不管你面對的是順境或者逆境，這都是你的人生；遭遇不幸、失敗、挫折的時候，唯有設法從逆境超脫，才能創造自己的幸福優勢，否則就會持續向痛苦的深淵沉淪。

如果你想出人頭地，就必須調整自己的想法，改變害怕吃苦的心態，如此才能看見和以往迴然不同的未來。

PART—1

每個人都需要一個偉大的夢想

每一個夢想都代表著我們對未來的期許，裡頭蘊藏著無限的生命活力，因為夢想，我們的生活充滿了動力。

PART—2

別再當一個埋沒才華的傻瓜

開採你體內的「金礦」和「油田」，這些資源才是真的取之不盡，用之不竭；一旦你漠然置之或不去深鑿，天份自然會被埋沒。

PART—3

讓平凡的自己變得不平凡

要從每一件小事中發現機會，不漠視自己的平凡，也不小看生活周遭的平凡，如此一來，再平凡的事也能變得不平凡。

PART—4

找出屬於自己的成功捷徑

你應該確認自己的能力是否已充分地發揮，如果你能清楚地設定自己的方向，以及將要實現的目標，那麼你才能找到屬於自己的成功捷徑。

PART—5

日子難過，更要認真地過

有位哲人曾說：「人生的棋局，只有到了死亡才算結束，只要生命還存在，就有挽回棋局的可能。」

PART—6

只要有決心，一定來得及

俄國文豪高爾基曾在《時鐘》一書中勉勵世人說：「讓整個一生都在追求中度過吧，如此一來，你在這一生裡，必定會擁有許許多多美好的時光。」

PART—7

你可以把「劣勢」變成「優勢」

只要你意志堅定、充滿信心，盡力了，用心付出了，劣勢也可以成為你挑戰成功時的優勢。

PART—8

錯誤就是成功的開始

用正確的態度去面對，並找出犯錯的原因和問題所在，如此才能避免重蹈覆轍，讓每一個錯誤都成為你成功的保證。

PART—9

設法從自卑走向自信

與其因自卑而悲觀喪氣，帶來更多的歧視和冷漠，不如將它轉變為動力，從自卑走向自信，這才是積極有力的生命態度。

PART—10

只有盡力才能出人頭地

只有不斷的磨練，才能讓自己熟練，在不能確定是否已做到最好時，你就沒有停止的資格。

PART—11

咬緊牙關才能衝破難關

面對困難的時候，如果你能緊咬著牙關前進一步，在眾人都放棄時再多堅持一秒，那麼最後的勝利，也就非你莫屬了。

每個人都需要一個偉大的夢想

每一個夢想都代表著我們對未來的期許，
裡頭蘊藏著無限的生命活力，
因為夢想，我們的生活充滿了動力。

突破自我，就能跳出生活的瓶口

不要再替自己找藉口；只要能夠堅持目標，用心突破瓶頸，人生的出口一定會無限寬廣。

很多人習慣把事情訂在一個界線之內，一旦不能突破，就會退縮到安全的界線內，並且告訴自己：「算了吧！我的能力就只有這些。」殊不知那條界線，其實正劃分著勝利與失敗。

有一位推銷員，年營業額從四萬美元一下子爬升到十餘萬美元，很多人羨慕

之餘紛紛問他究竟是如何辦到的。

他笑著回答說，那是因爲他學到了一件事，才使得業績呈倍數成長，那件事就是學會如何訓練跳蚤。

你知道如何訓練跳蚤嗎？

在訓練跳蚤時，要先把牠們放到廣口瓶中，用透明蓋子蓋上。

起初跳蚤會跳起來撞到蓋子，而且是一再地撞著，但是，慢慢的，你會注意到一件有趣的事，跳蚤會繼續跳著，但是久了之後，便不再跳到足以撞到蓋子的高度。

然後，你拿掉蓋子，雖然跳蚤繼續在跳，但絕對不會跳出廣口瓶之外，理由很簡單，牠們已經把自己的跳躍能力調節到瓶蓋的高度之下。

人也一樣，不少人準備做一件偉大的事情，打破某個紀錄或進行一項破天荒的創舉。剛開始，他們的夢想與野心十分遠大，但是在生活的道路上，並不是時時刻刻都能隨心所欲，一定會有碰壁的機會。

一旦碰壁了，心境難免沮喪、低落，親友或同事們的消極批評，更容易使自己受到影響，開始認為自己所定的目標「超過了自己的能力」。

於是，最後便認為自己能力不足，淨為自己找失敗的藉口，就像跳蚤主動調降自己的跳躍能力一樣，想成功自然是不可能的了。

但是，前述那位成功的推銷員，不僅不讓自己受到消極的影響，更要求擺脫「失敗者的藉口」，於是，他給自己設定一個目標，每當遇上瓶頸時，就激勵自己：「我一定要打破紀錄，成為世界上最優秀的推銷員。」

他要求自己，每天都要賣出三百五十美元的商品，這種決心使得他的生意在一年之內增加了三倍。

不僅如此，他還應用了這些「目標達成」和「跳蚤訓練原理」，一舉而成為美國著名的演說家和銷售訓練員之一。

一個人能不能順利完成夢想，並不在於先天擁有什麼能力，而在於是否擁有下定決心執行的勇氣。

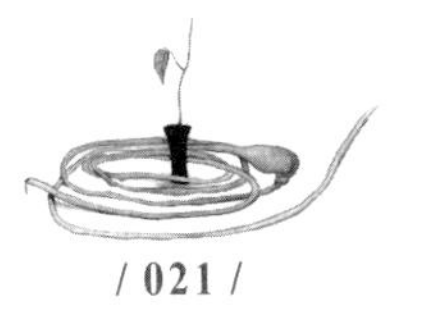

許多人一旦碰到了困難，總是輕易放過自己，逃得遠遠的，不僅讓一切從頭開始，還自訂了前進規則：「前進一步退三步」，於是，只見生命的瓶口越來越狹窄，甚至看不見出口。

你可以為自己設定一個目標，並有計劃地用各種方式為自己的能力加碼，不要再替自己找藉口；只要能夠堅持目標，用心突破瓶頸，人生的出口一定會無限寬廣。

生活雞精

失敗與成功的界線如此細微，以致於我們常常就站在它的界線上，卻毫無所覺。

——艾伯特·赫巴德

每個人都需要一個偉大的夢想

每一個夢想都代表著我們對未來的期許，裡頭蘊藏著無限的生命活力，因為夢想，我們的生活充滿了動力。

英國政治家迪斯雷利曾說：「如果不知道自己想要什麼，就不會有機會，只有知道自己想要什麼，知道什麼才適合自己，才會看到機會。」

「人生有夢，築夢踏實」，這是大家耳熟能詳的一句話，只是，如何讓它不再只是個口號，全得看追夢人如何去圓夢囉！

有一則勇於追求夢想的眞實故事，發生在舊金山貧民區的一個叫辛普森的小男孩身上。辛普森因爲營養不良又患有軟骨症，六歲的時候，雙腿便嚴重萎縮成「弓」型。

但殘缺的身體，從未讓他放棄心中的夢想，他的願是有一天能成爲美式足球的明星球員。從小，他就是美式足球傳奇人物吉姆．布朗的忠實球迷，只要吉姆所屬的克里芙蘭布朗斯隊來到舊金山比賽，他一定會跛著步伐，辛苦地走到球場，爲心目中的偶像加油。

由於家境貧窮，買不起門票，辛普森總是等到比賽快結束時，從工作人員打開的大門偷溜進去，欣賞最後的幾分鐘比賽。

有一次，布朗斯隊和舊金山四九人隊比賽結束後，在一家冰淇淋店裡，他終於有機會和心中的偶像吉姆．布朗面對面接觸，而那也正是他多年來最興奮、最期待的一刻。他大方地走到這位球星的前面，大聲說：「布朗先生，我是您忠實的球迷！」

吉姆．布朗和氣地向他說了聲謝謝，辛普森接著又說：「布朗先生，我想跟您說一件事……」

吉姆．布朗轉過頭來問：「小朋友，請問是什麼事呢？」

辛普森一副驕傲的神態說：「我清清楚楚地記著，您創下的每一項紀錄和每一次的攻防哦！」

吉姆．布朗開心地回應著笑容，拍拍他的頭說：「孩子，眞不簡單。」

這時，辛普森卻挺起胸膛，眼睛閃爍著熾烈光芒，充滿自信地說：「不過，布朗先生，有一天我要打破您創下的每一項紀錄！」

聽完小男孩的話，這位橄欖球大明星微笑地說：「哇，好大的口氣，孩子，你叫什麼名字？」

小男孩得意地說：「奧倫索，我的名字叫奧倫索．辛普森。」

小辛普森懷著偉大的夢想，後來他不僅打破了吉姆．布朗寫下的所有紀錄，更刷新了許多新的紀錄。

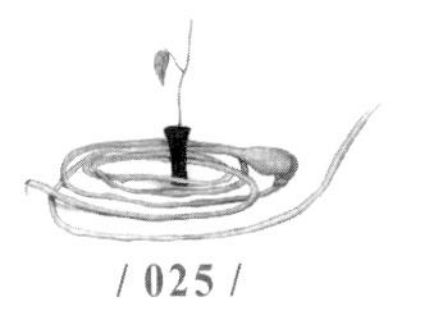

曾經擔任聯合國秘書長的瑞典政治家哈瑪舍爾德曾說：「我們無從選擇命運的框架，但我們放進去的東西卻是我們自己的。」

從小開始，我們就做著不同的夢，每一個夢想都代表著我們對未來的期許，裡頭蘊藏著無限的生命活力，因爲夢想，我們的生活充滿了動力，因爲有夢，我們才會在生活中希望無限。

夢想是必須的，但是要堅持決心，踏實築夢，你的夢想才有落實的一天，要像小辛普森一樣，堅定自己的夢想，立定目標前進，你才能有機會看見屬於自己的精采人生。

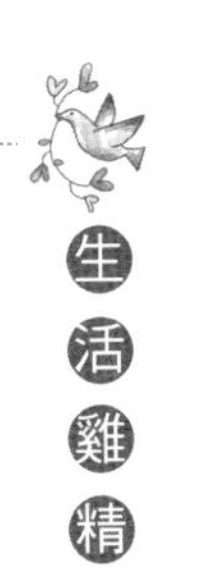

生活雞精

重新鑄造自己，就是發現選擇機會；決定發展方向，努力實現目標的過程，是重新駕馭自己生活的過程。

——海厄特

恐懼會讓你淪為生活的奴隸

與其害怕恐懼地逃避著，不如大膽地面對吧，只要你把花在恐懼的時間拿來實踐、前進，你會發現所有的害怕、擔心都是多餘。

恐懼最容易磨損一個人的心志、情緒，會使人喪失勇氣和信心，最後淪爲生活的奴隸。

明明事情都還沒開始，許多人的心情就開始緊張起來，不是四肢無力，就是在開始前一秒就感到自己快要虛脫、窒息。

眞的有那麼嚴重嗎？

事情都還沒開始呢！

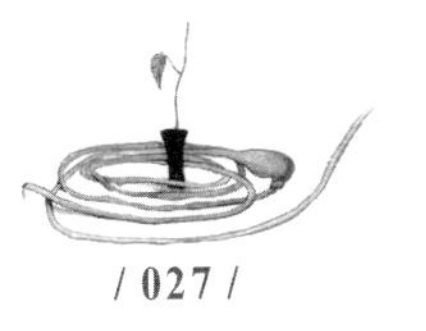

在英國曼徹斯特有一項克服飛行恐懼的訓練課程，課程中的最後一段航程是由英國本土飛至曼徹斯特。

有一批隊員進行到這段課程時，卻遇上了惡劣的天氣，天空烏黑密佈，但是，隊長卻堅持必須照原定計劃進行。

飛機升空之後，風雨交加，機身搖晃得非常厲害，還好飛行了一個鐘頭後，飛機總算安全降落。隊員們在飛行過程中，大都表現得非常鎮定，一直到著地後，有位年紀較大的隊員忍不住對隊長說：「你的表現很令人佩服，但是在狂風暴雨中飛行，你不覺得太危險了嗎？」

隊長回答說：「許多人對飛行有所誤解，他們以爲飛機如果在空中熄火便會馬上墜落，其實不然，即使是最大型的飛機，也會在空中滑翔好一陣子才墜落，而且以我們的專業訓練和經驗，即使天候不良，一點也不會影響飛行的安全。」

對某些人來說，光是叫他們上飛機就有點困難了，因爲他們害怕搭飛機，至於這種恐懼，有一部分原因是由於他們缺乏對飛行的了解。

經過這一連串的訓練，許多害怕飛行的學員，不僅克服了恐懼，也讓自己更有自信。

就像這位隊長所說的：「恐懼，就像你遇上一隻兇狠大叫的狗，如果你轉身就跑，牠肯定要追上來咬你一口。」

許多人面對自己恐懼的事物，往往斗大的冷汗滴答落下，心跳猛烈的撞擊，全身不由自主的抖著，但事情都還沒開始，怎麼會這樣呢？

心理醫師解釋這種現象說：「這是因爲想太多了！」

好一個「想太多」，有意思吧！

是啊，我們不都是想太多了替自己製造恐懼嗎？在還沒開始前，想著可能遭遇到的失敗挫折；完成後又擔憂著未來可能碰上其他的困難。

不管用什麼角度想，不論在什麼時候想，那些都只是多餘的擔心和害怕，讓

事情永遠停在原地，讓自己無法突破，甚至選擇退縮。

這樣的生活，難道你不覺得疲累嗎？

與其害怕恐懼地逃避著，不如大膽地面對吧，只要你把花在恐懼的時間拿來實踐、前進，你會發現事情再差也不過如此而已，所有的害怕、擔心都是多餘。

生活雞精

只要下定決心克服恐懼，便幾乎能克服任何恐懼。因為，除了在腦海中，恐懼無處藏身。

——戴爾．卡耐基

一個屁股不能坐兩張椅子

腦海中計劃了那麼多事情，你完成過哪一項？是不是連最重要的事都沒做好？走過了一段不長也不短的人生路，生命是否仍然空白？

德國哲學家黑格爾說：「一個善於限制自己的人，才有指望成功。」

這是因爲人的慾求太過旺盛，要限制自己的某些願望，才能讓注意力集中到最主要的願望上。

別太貪心，所謂「梧鼠技窮」就是這麼回事，你越是貪心，什麼都想要，每一種都要了一些，但沒有一樣是專精的，最後當然技窮囉！

一個屁股不能坐兩張椅子，想要獲得成功，一定要選定一個你眞正想完成的

目標努力去達成，千萬別太貪心，不然你肯定要一事無成。

義大利著名的男高音帕瓦羅蒂，還是個小孩子時，父親雖然是麵包師，對音樂卻非常有興趣，從小就教導他學習如何歌唱。他鼓勵帕瓦羅蒂要刻苦練習，培養自己的實力。

後來，他拜了一位名叫阿利戈的專業歌手爲師，當他即將從音樂學院畢業的時候，問了父親一件事：「爸爸，畢業之後，我是要當位音樂老師，還是成爲一個歌唱家呢？」

他的父親想了一下，這樣回答：「孩子，如果你想同時坐在兩把椅子上，是絕對不可能的事，你肯定會從這兩把椅子上摔下來，記住，別想貪心地同時坐在兩把椅子上，生活中你只能選定一把椅子坐。」

帕瓦羅蒂最後選擇了當歌唱家，忍受不斷失敗的痛苦，經過長達七年的煎熬，終於有了第一次登台演出的機會，再奮鬥七年之後，終於進入了大都會歌劇院。

許多人好奇地問他究竟如何成功，他總是回答說：「方法很簡單，不管我們的選擇是什麼，關鍵只有一個，那就是選定一把椅子就好。」

想要獲得成功，方法其實不困難：必須先問自己想到達哪個位置，然後竭盡全力迎向前去，而不是認爲自己是天才，可以做好所有想做的事。

如果你不知道自己眞正想要的是什麼，不知道定位在哪裡，那麼你的人生就會像無頭蒼蠅失去方向。

自己腦海中計劃了那麼多事情，你完成過哪一項？

是不是連最重要的事都沒做好？

是不是走過了一段不長也不短的人生路，生命是否仍然空白？

仔細想一想，至今蹉跎無定，是不是因爲自己太貪心了，老是想一心二用？

別再這麼漫無目標地追求，別再這麼沒有效率活下去了，你還有多少時間可以浪費呢？

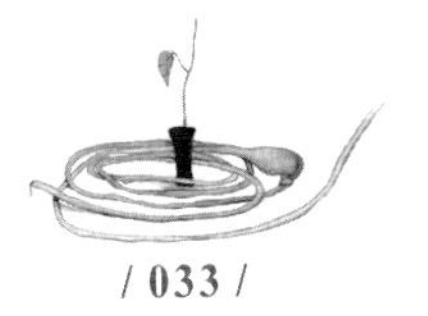

太貪心的話，小心噎著，選定一張椅子坐就好，不然你永遠只能在不斷的跌倒中後悔。

記住，千萬不要陷入眼前的雜亂事務而不能自拔！

生活雞精

目光遠大的人應當將自己的每一個願望擺好位置；貪得無饜常常使我們同時去追逐許多目標，以致貪小失大。

——拉羅什富科

只有危機才能創造奇蹟

奇蹟因為需要而發生，一切都是有著無限潛力的人們，在受到強烈刺激的情況下，把自身的潛能瞬間爆發出來！

人爲什麼會不斷創造出奇蹟？

奇蹟不是無法解釋的神蹟，也不是天顯神威的結果，而是每個人都有無限的潛能，一旦全神貫注面對危機，它就會猛烈爆發出來，只是平時沒有機會或方法把它激發出來罷了。

有一位農夫的十四歲兒子對汽車非常著迷，因爲年紀尚未達到考取駕照的門

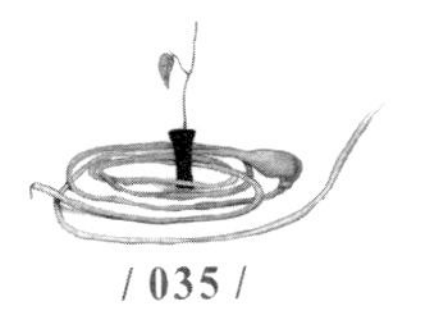

檻，所以還不能上路，但是這位很寵小孩子的農夫還是讓兒子在農田附近學習開車。

他的兒子學習能力很強，很快就能夠操縱車子，於是農夫就准許他在農場裡練習開車，但是不允許他開到外面的路上。

有一天，車子突然翻進了水溝裡，農夫嚇了一大跳，連忙跑到出事地方。他看兒子被壓在車子底下，動彈不得，只有頭部露在外面。

這位農夫並不高大，但是，愛子心切的他毫不猶豫地跳進水溝，雙手伸到車子底下，一股勁把車子抬了起來。

農夫緊急將孩子送到醫院，醫生很快替男孩檢查一下，還好只是皮肉傷，其他並無大礙。

這時候，農夫突然想起剛才的事——自己竟然能抬起那輛車，事後他好奇地想再試驗一次，結果卻完全動不了那車子。

對於這個奇蹟，醫生普遍的解釋是，這是身體機能對緊急狀況產生反映，腎上腺因此大量分泌激素，傳遍全身後產生的龐大力量。

不管是腎上腺分泌激素，還是愛子心切所創造的奇蹟，都說明只要心裡充滿強烈的渴望，就能達成自己的目標。

奇蹟因為需要而發生，一切都是有著無限潛力的人們，在受到強烈刺激的情況下，把自身的潛能瞬間爆發出來！

生活雞精

疑慮是我們心中的叛逆者，由於害怕去追求，使我們失去我們通常能夠贏得的東西。

——莎士比亞

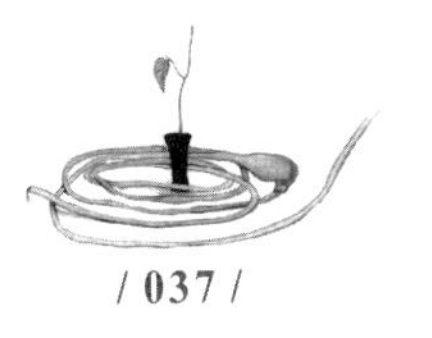

別讓衰神繼續跟著自己走

別再皺眉頭了！不想讓衰神再跟著自己走，你就得先照亮自己，改變生活態度，隨時問自己：「什麼才是自己最想要的？」

俄國文學家高爾基在他的名著《我的大學》裡，曾經寫過這麼一段深刻的句子：「人生太苦了，所以每一個人的靈魂都需要一顆糖。」

人的一生本來就充滿選擇，如何面對發生在自己眼前的事情也是一種選擇，你可以微笑面對，也可以哭鬧賴皮。

什麼才是面對事情的最好方法，並沒有標準答案，因爲你的選擇決定你的人生，別人無法替你做選擇。只能說，哪一種方法能讓你覺得自己在享受生活，那就算是不錯的決定了。

約翰是某大飯店的經理，肩負著別人難以想像的沉重壓力，但是，在他的臉上卻無時無刻掛著愉快的微笑，只要一看見他，每個人的心情都會跟著好了起來。

只要問他近況如何，他一定回答：「非常好，天天都很開心。」

當他看到同事心情不好的時候，他會加以安慰，還會教導他們如何調理自己的心情。

他常常告訴同事說：「每天醒來的第一件事，我都會對自己說：約翰，今天你有兩個選擇，一是開心，一是不開心。你認爲我應該選擇什麼呢？自然是開心囉！」

當有不幸的事情發生，我們可以選擇成爲自憐自艾的受害者，接受同情和協助，但也可以選擇堅強去面對，並從中學習、成長；因爲這是我的人生，我們有權選擇。

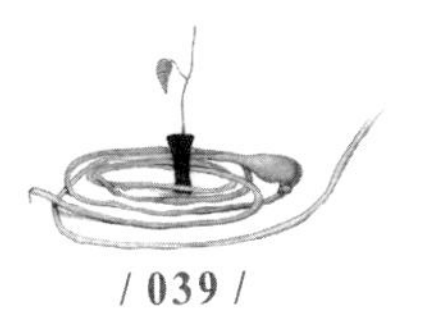

有一天深夜，約翰下班返家之時，被三個持槍的歹徒攔路搶劫，還被開了一槍，倒在血泊中。

他很幸運地被人發現，及時送進醫院急救。

病情穩定之後，朋友來探望他，他還開著玩笑說：「我的心情好得很，想不想看看我的傷疤？」

朋友問他，事發當時他心裡想了些什麼，約翰說：「當我躺在地上的時候，我告訴自己，我有兩個選擇，不是生就是死，我當然要選擇活下去。醫護人員在我的身邊安慰著我，鼓勵著我，雖然我知道當時自己的傷勢並不樂觀，但我知道我一定能夠撐過去，只要我願意。」

在急救的過程中，當護士大聲問他有沒有對什麼東西過敏時，他馬上回答：「有！」

這時，所有的醫生、護士都停了下來讓他說下去，他吸了一大口氣，接著大吼說：「子彈！」

所有人都大笑一聲，接著他又說：「我不是將死之人，請把我當個活人醫就對了。」

於是，約翰就這樣活下來了，而且活得更加精采。

法國著名的小說家莫泊桑曾經這麼說過：「人生雖然不像想像中那麼好，但也不像想像中那麼糟。」

生命本來就充滿選擇，我們的生活態度將決定我們的生活內容。

我們可以選擇不開心，放著重要的事不管，挺著一肚子的怨氣四處發牢騷，但是靜下心來想一想，抱怨之後我們又得到了些什麼？更多的同情，還是更多的幫忙？

是一無所獲吧！甚至很多人根本一點也不理睬你。

所謂的「把自己哭衰」就是這麼回事，總是覺得自己的生活灰暗的人，怎麼會有明亮的人生？

別再皺眉頭了！如果不想讓衰神再跟著自己走，你就得先照亮自己，改變自

己的生活態度，隨時問自己：「什麼才是自己最想要的？」

只要選定了你希望的生活目標，調亮你的生活態度，生命的選擇權就在你手上，而且你會發現，原來世界正跟著你的希望在轉動。

生活雞精

未來有兩種前景，一種是猥猥瑣瑣的，一種是充滿理想的。上蒼賦予人自由的意志，讓人可以自行選擇，你的未來就看你自己了。

——大仲馬

先問你能給自己多少機會

不要老是在前進的路上丟石頭阻擋自己，如果你連雙腳都還沒有跨出去，就退回了原點，怎能要求命運之神給你多一點機會和幸運？

在檢討得失成敗之時，你是不是發覺自己曾經因爲怠惰和遷就環境，而拒絕了很多機會，是不是每一次拒絕之後才開始後悔？

一個人會有多少機會，連老天爺都無法清楚告訴你，因爲，機會就在你手中，你能給自己多少，機會就有多少，一旦放棄了就機會不再。

有三隻青蛙不小心掉進了鮮奶桶中，牠們面對厄運的態度，決定了牠們命運。第一隻青蛙認命地嘆了口氣說：「唉，這是無法改變的命運。」說完便一動也不動地等著死亡降臨。

第二隻青蛙跳了幾下，搖了搖頭說：「這桶實在太深了，以我的跳躍功力，看來是不可能跳得出去，唉，這回我死定了。」於是，牠也不掙扎了，隨即就沉入桶底淹死了。

第三隻青蛙則打量著四周說：「眞是倒楣，」但是，牠毫不氣餒，伸了伸後腳：「這後腿還可以使出勁力，找個可以墊腳的東西，試試再說！」

於是，這第三隻青蛙一邊用力划動，一邊努力地跳躍，沒想到鮮奶就在牠的攪拌下變成了奶油塊，有了這些奶油塊的支撐，這隻青蛙奮力一躍，終於跳出了鮮奶桶。

當我們遭遇困難、危險的時候，如果沒有勇於嘗試的精神，怎麼知道自己能不能衝破難關，怎麼知道結局會如何？

通往成功的道路會有很多條，但是前進的交通工具卻只有一種，那就是勇敢向前邁進。

不要老是在前進的路上丟石頭阻擋自己，如果你連雙腳都還沒有跨出去，就退回了原點，請問，你怎能要求命運之神給你多一點機會和幸運？

只要勇敢嘗試，就算沒有達到預期，所有經驗的累積，都將讓你在下一次機會出現時，朝著理想目標更進一步。

生活雞精

你要走的道路，要完成的事業，只能靠自己決定，別人和環境對你造成的影響非常有限。

——金克雷．伍德

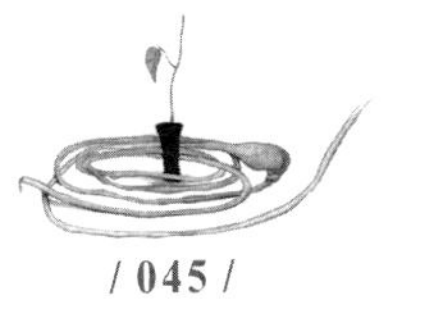

賺錢不是人生唯一的目標

賺錢是最壞的目標，只要你能把眼光先放在間接財富上，知道追求理想更重於獲得金錢，先累積間接財富，直接財富就會源源不斷來到你身邊。

安德魯．卡內基三十三歲的時候，成爲聞名世界的「鋼鐵大王」，那一年，他勉勵自己：「人生必須有目標，但賺錢是最壞的目標，我希望在直接的財富之外，每個人都會看到間接財富；在狹義的財富之外，有胸襟見到廣義的財富。」

金錢應該是成功的附屬品，如果你把賺錢當成人生的唯一目標，只會使你淪爲微不足道的小人物。

有一年的夏天，天氣特別炎熱，一群鐵路工人正在月台邊的鐵道上汗流浹背地工作時，一列火車緩緩開了進來，打斷了他們的工作。

火車停了下來，有一節車廂的窗戶打開了，車廂內的空調系統散發出陣陣冷氣，一個低沉的、友善的聲音從窗口傳了出來：「大衛，是你嗎？」

大衛是這群工人的負責人，聽見熟悉的聲音後，高興地回答說：「是我，是吉姆嗎？見到你眞高興。」

吉姆是鐵路公司的總裁，大衛和他是非常好的朋友，兩個人開心地聊了一會兒，不久，火車要繼續起程，兩人只得不捨地握手道別。

火車遠離後，工人們立刻包圍著大衛，他們非常好奇大衛竟然和公司總裁相識。大衛神情得意地解釋說，二十年前他和吉姆是同一天上班，一起在這條鐵路上工作。

這時，有人開玩笑地調侃大衛，問他爲什麼現在仍在大太陽底下工作，而吉

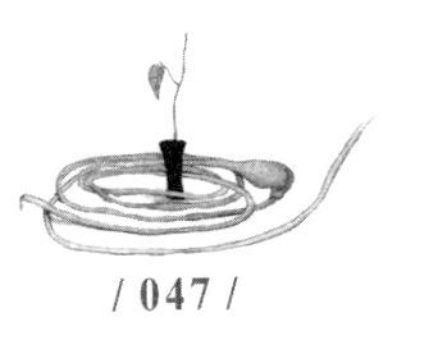

姆卻成了鐵路公司的總裁。

只見大衛嘆口氣，惆悵地回答說：「因爲，二十年前我只是爲了一小時一．七五美元的薪水而工作，但吉姆卻是爲了這條鐵路而工作。」

看待工作的心態，會決定一個人日後能否出類拔萃。

當然，並不是說，工作不須要金錢來維持，也不是說我們可以不靠金錢而生存，而是我們應該提醒自己，要把金錢當做工作的回報，相信工作付出得越多，金錢自然回報得越多。

如果，你把注意力由工作轉向金錢，不僅會使自己失去工作之時應有的敬業精神，更會因爲急功近利的工作態度，讓你只想著如何獲得金錢，而忘記遠大的理想。

沒錯，錢不是萬能，但沒有錢也萬萬不能，只是，過度計較一元二角時，你是不是失去了更大的財富——一種累積再多金錢也無法買到的未來？

就像安德魯．卡內基所說的，賺錢是最壞的目標，只要你能把眼光先放在間接財富上，知道追求理想更重於獲得金錢，先累積間接財富，直接財富就會源源不斷來到你身邊。

當你知道追求的目標就在最高的地方，朝著目標一步一步爬上去，認真紮實地累積你的每一步，那才算是走在成功的道路上，千萬不要把目標放在金錢上。

生活雞精

以掙錢為最高目的的人，正不知不覺把他們的生命和靈魂出賣給富人，或者代表金錢的組合體。

——泰戈爾

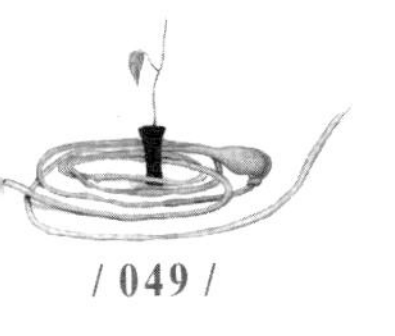

用汗水代替口水

英國詩人布雷克：「光會想像而不行動的人，只是生產思想垃圾。成功是一把梯子，雙手插在口袋裡的人是爬不上去的。」

曾經榮獲諾貝爾文學獎的美國作家賽珍珠曾說：「我從不等待好運的來臨。如果你一味等待，就不能完成任何事情。你必須記住，只有動手才能有所獲得。」

你還在等待好運從天下掉下來嗎？別再做夢了！趕快行動吧！

有位學問高深的窮教授，和一位文盲同住在一間破舊的公寓裡，儘管兩個人

的地位懸殊，學識、性格都有天壤之別，但兩個人卻有一個共同的夢想，那就是想儘快富裕起來，脫離貧窮的生活。

每天晚上，教授在感慨自己懷才不遇之餘，都會翹著二郎腿大談他的致富經，而文盲則靜靜坐在旁邊，虔誠地聆聽他的發財構想。

他非常欽佩教授的學識與智慧，每天專心聽著教授的理論，後來便開始照著他的致富方法去實踐。

幾年之後，這位文盲眞的成爲一位大富翁，然而，這位滿腦子構想的教授，卻仍依舊住在破公寓裡，每晚空談他的致富理論。

從這則小故事中，我們知道，理論固然重要，但是再好的理論，如果沒有訴諸行動也是枉然。

許多人也常常過著這樣的日子，老是喜歡空談理論，大談夢想、未來，卻不肯把花在嘴巴上的言詞化作行動。我們不是常說「一分耕耘一分收穫」，或是「要

怎麼收穫，先要怎麼栽」嗎？唯有採取行動，援用你的理論，把口水變成汗水，夢想就不再是空想。

人喜歡癡心妄想，總是等待著幸運從天上掉下來，或是光說不練，等待著別人成功之後會拉自己一把。

人對於自己的一生當然必須有美好的憧憬，但是，這種憧憬是不可能靠著空談和等待而實現的，殊不見，最後功成名就的人，都是付出行動解決問題的人，他們照著正確的原則掌握主動，做了需要做的事件，並完成工作目標。千萬要記住英國詩人布雷克的叮嚀：「光會想像而不行動的人，只是生產思想垃圾。成功是一把梯子，雙手插在口袋裡的人是爬不上去的。」

生活雞精

如果你做事缺乏誠意，或者遲遲不願動手，那麼，即使你有天大本事，也不會有什麼成就。

——狄更斯

別再當一個埋沒才華的傻瓜

開採你體內的「金礦」和「油田」，
這些資源才是真的取之不盡，用之不竭；
一旦你漠然置之或不去深鑿，天份自然會被埋沒。

想要成功就必須持續行動

成功只能在行動中產生，想出人頭地，除了設定目標努力工作之外，真的沒有其他任何捷徑，更沒有替代道路。

很多人之所以會在人生旅途一再失敗，原因在於他們只想輕鬆收割，卻從來不願辛勤播種和耕耘。

其實，凡事都要腳踏實地去做，不馳於空想，不騖於虛聲，以實事求是的態度，認眞踏實去做，鍥而不捨去做，才可能獲得寶貴的成功。

只要你盡了力，你希望的事情都會實現。

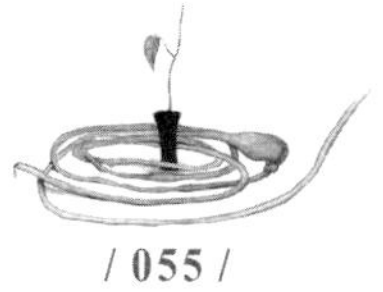
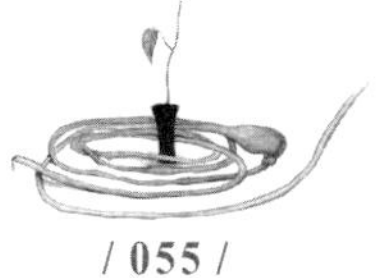

有一個衣衫襤褸、滿身補釘的小男孩，有一天走過一大樓的工地，見到一位衣著華麗、口叼煙斗的大老闆在現場指揮工人，便鼓起勇氣向他請教：「我要怎麼做，長大後才會跟你一樣有錢？」

這老闆甚感意外，低頭打量了小傢伙一眼，對他說了一個小故事：

在一個開挖溝渠的工地裡，有三個工人在工作，一個拄著鏟子說，他將來一定要做老闆；第二個則抱怨工作時間長，報酬低；但第三個什麼話也沒說，只低頭努力挖。

好幾年以後，第一個仍拄著鏟子，嚷著自己以後要當老闆，第二個則早已找了藉口退休，至於第三個，後來不僅成了那家公司的大老闆，而且還讓公司更上一層。

這位老闆說完之後，問小男孩：「你明白故事的寓意嗎？小伙子，好好埋頭苦幹吧！」

但是，小男孩卻仍然滿臉困惑，大老闆看了看四周，指著那批正在架子上工作的工人，對男孩說：「你看到那些人嗎？他們全都是我的工人，但是我無法記住他們每個人的名字，甚至有些人根本都沒印象。但是，你仔細看他們之中，只有那邊那個曬得紅紅的傢伙，就是穿著一件紅色衣服的那個，以後才會出人頭地。」

大老闆分析說，自己很早就注意到他，因爲他總是比別人賣力，做得更爲起勁。每天他都比其他的人早上班，工作時比別人拼命，而下班時間，他都是最後一個走。加上他穿的那件紅襯衫，使得他在這群工人中間特別突出。

大老闆笑著說：「我現在就要過去找他，請他當我的監工，我相信，從今天開始，他會更加賣命，說不定很快就會成爲我的副手。」

看完這個故事，你是否已經知道如何才能獲得成功？

如果還不是很清楚，接著看看法國詩人夏爾在《甦醒的睡神》裡寫的這句話：

「在行動上應該簡單實際，在預見上應該像一個戰略家。」

成功只能在行動中產生，想出人頭地，除了設定目標努力工作之外，真的沒有其他任何捷徑，更沒有替代道路。

只要你確定付出了心力，也紮紮實實地盡了全力，不必想太多，所有你想要你希望的事，都會自自然然地實現。

生活雞精

一個人怎樣才能認識自己呢？絕對不是通過思考，而是通過實踐。盡力去履行你的職責，那你就會立刻知道自己的價值。——歌德

用熱忱灌溉，沒有什麼事是不可能的

從來就沒有熱情於工作的人，會因為太熱情了丟了工作，
也從沒有認真付出的人，會因為太過認真而無法成功。

詩人拜倫曾經說過：「折磨是通往成功的第一段道路。」人的一生當中，可能會遇到各式各樣的困難和挫折，想要成功，就必須勇敢面對它們，戰勝它們。

有人說，人生的命運是一尊雕像，磨難猶如一把鋒利的雕刻刀，人就是用這把刀來刻劃命運的雕刻家；一尊美好的雕像的誕生，需經過磨難的洗禮，更需要雕刻家的堅毅和深沈。

美國著名的推銷員查姆斯擔任某公司銷售經理時，曾經因爲有心人士散佈該公司發生財務危機的謠言，導致整體業績一落千丈。

這件事嚴重影響了員工們對公司的向心力和工作熱忱，特別是負責推銷的銷售人員更因此失去衝勁，銷售成績直線下滑。

由於情況極爲嚴重，查姆斯不得不召開一次大會，把分佈在全美各地的推銷員緊急召回參加這次會議。

會議進行時，他首先請業績最好的幾位銷售員站起來，要他們說明銷售量下滑的原因。這些銷售員一一站起來，不是歸咎於經濟不景氣，就是抱怨廣告預算太少，再不然就是推說消費者的需求量不大。

聽完他們列舉的種種困難情況後，查姆斯突然高舉雙手要求大家肅靜。然後，他說：「停，會議暫停十分鐘，我要把我的皮鞋擦亮。」

接著，他叫坐在附近的一名黑人小工友把擦鞋工具箱拿來，把他的皮鞋擦亮。

在場的銷售員都不明白此舉有何用意，不禁竊竊私語。

會議暫停之時，那位黑人小工友不慌不忙地擦著，俐落地表現出最專業的擦鞋技巧。

皮鞋擦亮後，查姆斯先生給了小工友一毛錢，然後發表他的演說。

他說：「我希望你們每個人，好好看看這位小工友，公司裡的每一雙皮鞋都是他擦的，在他之前是位白人小男孩，年紀比他大，儘管公司每周補貼他五塊錢的薪水，加上工廠裡數千名員工的賺錢機會，他卻仍然無法賺取足夠的生活費用。但是，這位黑人小男孩卻可以賺到相當不錯的收入，每周還可存下一點錢。現在，我想請問你們一個問題，那個白人小孩拉不到生意，是誰的錯？是他的錯還是顧客的錯？」

那些推銷員不約而同地大聲說：「當然是那孩子的錯。」

「沒錯！」查姆斯回答：「現在我要告訴你們，這個時機和一年前的情況完全相同，同樣的地區、同樣的對象及同樣的商業條件，但是，你們的銷售成績卻遠遠比不上去年。這到底是誰的錯？是你們的錯，還是顧客的錯？」

全體推銷員同樣又傳來如雷般的回答：「當然，是我們的錯！」

「我很高興，你們能坦率承認你們的錯。」查姆斯說：「現在我要告訴你們錯誤在哪裡，你們一定聽到了公司財務發生問題的謠言，才影響你們的工作熱忱；不是景氣不好，而是你們推銷態度不像以前那樣熱情賣力了。現在，只要你們回到自己的銷售地區，並保證在三十天內提高自己的銷售業績，那麼本公司就不會有財務危機，你們做得到嗎？」

「做得到！」幾千名員工一起大喊，後來他們果然辦到了，還讓公司的業績突破紀錄。

愛默生曾說：「每一種折磨或挫折，都隱藏著讓人成功的種子。」

的確，不論做任何事都需要勇氣，尤其是接受別人折磨的勇氣，因爲，如果我們不敢接受人生中的各種折磨，甚至不懂得感謝折磨你的人，就無法從折磨當中找到成功的眞諦。

不管在什麼樣的領域，或是什麼樣的身份，只要肯用心、有熱忱，就一定能把每份工作做到最好。你一定要用這樣的態度，告訴自己：「只要我肯努力，一切都會是最好的情況。」

從來就沒有熱情於工作的人，會因爲太熱情了丟了工作，也從沒有認眞付出的人，會因爲太過認眞而無法成功。凡事只要興趣不減，熱情不減，再艱辛的難關都一定會走過去的。

生活雞精

失敗之後，要誠實地檢討自己，只有坦率地檢討為什麼會失敗這個問題，才能使失敗成為成功之母。

——海厄特

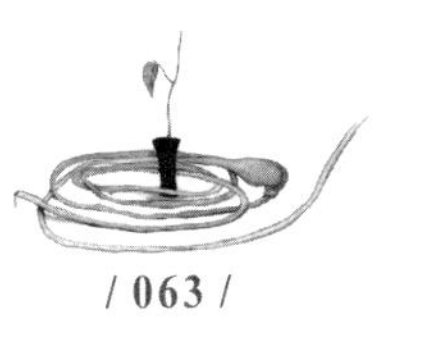

別再當一個埋沒才華的傻瓜

開採你體內的「金礦」和「油田」，這些資源才是真的取之不盡，用之不竭；一旦你漠然置之或不去深鑿，天份自然會被埋沒。

想要擁有精采的人生，重點並不在於是否活得比別人絢爛非凡，而是認識自己的價值，不當埋沒才華的傻瓜。

你如何衡量自己的的價值？是用目前自己擁有的能力、才華估算，還是等著別人來品頭論足？

如果你中了頭彩，卻只會坐吃山空，不肯好好利用這筆財富，那麼你和一個不斷把錢撒在海底的人毫無區別，這筆錢對你一點價值也沒有！

很久以前，一家石油公司在奧克拉荷馬州的某塊土地發現了石油，這塊土地是屬於一個年老的印第安人，這老印第安人窮困了一輩子，卻因爲發現石油而一夜致富。

拿到錢後，他做的第一件事就是給自己買了一輛豪華的「凱迪拉克」。當時的轎車，在車後會配有兩個備用輪胎，但是這位印第安人想使它變得更長、更拉風，於是又給它加上了四個備用輪胎。

這輛怪異的豪華車子，每天都在路上行駛。老印第安人很喜歡到處去探望親友，當車子出現在街上的時候，他一定都會分心，而且瞻前顧後、左顧右盼，不停地和熟人打招呼。

有趣的是，他卻從來沒有出過意外，你猜是什麼原因呢？

你一定猜不到，原來他那輛氣派非凡的汽車前面，有兩匹馬拉著，因爲，他連鑰匙如何插進去啓動車子都不會。

看完這則眞實笑話，一定有人會笑，這個印地安老兄未免太笨了吧！

的確，他是笨了點，但許多人不也是犯著相同的錯誤？

例如，大多數人總是以外在的形勢來衡量自己，保守地評估自己所擁有的能力，而忽略了自己擁有無比的潛能，一旦認爲超過了自己的能力範圍，就開始找藉口說不行。

其實，心理學家一再強調說，一般人終其一生，只把自己具備的能力發揮到百分之二而已。

有位哲人說過這麼一句話：「當一塊錢和二十元同時被扔到海底時，它們的價值就毫無區別了。」

人生也是如此，只有認眞發掘自我，充分激發自己的潛能，你所擁有的價值才是眞實的。

開採你體內的「金礦」和「油田」，這些資源才是眞的取之不盡，用之不竭；

一旦你漠然置之或不去深鑿，天份自然會被埋沒，世間天才和蠢才的差別，其實就在這裡。

生活雞精

一個人如果永遠沒發現蘊藏在他體內的無窮無盡的財富，那才是最大的不幸。

——齊格·齊格拉

一次選擇一種你最想做的事就好

德國哲學家兼文學家歌德曾勸告他的學生：「一個人不能騎兩匹馬，騎上這匹就要捨棄另一匹，聰明人會把分散的精力集中，找出自己最想要的，全神貫注把那它做好。」

有位哲人曾經這麼說：「一個人怎樣才能認識自己呢？絕對不是通過漫無止境的空想，而是通過全神貫注的實踐。專心致志做好你正在做的事，那麼你就會立刻知道自己的價值。」

想專心致志，似乎是件不容易的事，特別是年輕氣盛的時候。

其實不是不能，只是我們往往自恃甚高，想做的事情太多，於是把時間全花在「想」的動作上，然後囫圇吞棗東碰一下、西碰一下，沒有專心在一件事上，一旦成效未達預期，便開始怨天尤人。

有一個想在科學領域有所成就的年輕人，有一天，十分苦惱地對昆蟲學家法布爾說：「我不知道花了多少精神、力氣在我愛好的事業上，可是至今卻毫無成就。」

法布爾安慰讚許的說：「相信你是一個想獻身科學的有志青年。」

這位年輕人說：「是啊！我愛科學，不過也愛文學，而且對於音樂和美術，我也非常有興趣，爲了這些興趣，我把全部的時間都用上。」

法布爾聽後，皺了眉，從口袋裡拿出了個放大鏡說：「朋友，你必須像這個放大鏡一樣，把你的精神集中到一個焦點上，否則，你不可能會有任何的成就。」

任何成就非凡的學者、科學家，無一不是「聚焦」成功的最佳寫照。以法布爾爲例，就常常爲了觀察昆蟲的習性而廢寢忘食。

有一次，幾個婦人清早去摘採葡萄之時，看見法布爾俯趴在一塊石頭旁，聚精會神觀察螞蟻。到了黃昏收工時，她們仍然看到他趴在那兒，於是她們狐疑地竊竊私語：「這個人爲什麼花了一整天的工夫看著一塊石頭，看來精神有問題！」

爲了觀察昆蟲的習性，法布爾不知花了多少個日夜，只爲了研究一隻小昆蟲的一個小動作。

正因爲有這些集中精力、廢寢忘食研究的科學家或醫學家，我們才能享受科技的成果，受惠於醫學的進步。他們往往花費大半生在研究一件事務上，專業知識不斷累積，才會有今日的世界進步。

德國哲學家兼文學家歌德曾勸告他的學生：「一個人不能騎兩匹馬，騎上這匹就要捨棄另一匹，聰明人會把分散的精力集中，找出自己最想要的，全神貫注把那它做好。」

想要成功，就先找到你最想做的一件事，然後孜孜不倦地努力，只要你能把精力集中到一個焦點上，不管什麼事，你都將得到最大的收穫。

專心點吧，唯有將太陽光集中到一個焦點，才能點著張紙，成功的道理不也是一樣嗎？

除非一個人的工作能夠帶給他內心的滿足，使他感到快樂，否則就不能算是真正的成功。

——姚樂絲．卡耐基

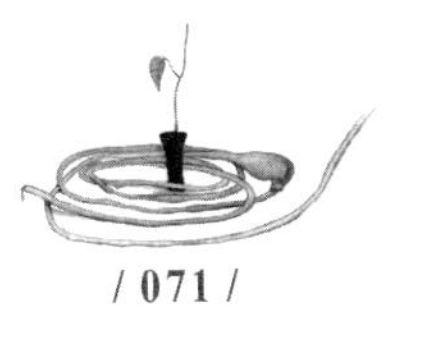

再等下去，你就要變成化石了

歌德說：「不要在夕陽西下的時候幻想什麼，而是要在朝陽初昇的時候立刻投入。」

今日事今日畢，聽起來很熟悉、很老掉牙吧！是啊，這不是從小父母、老師和長輩最喜歡耳提面命的一句話？問題是，包括說這句話的人，誰眞的嚴格要求自己徹底遵行了？

其實，生活就是這樣，許多我們聽得很耳煩的話，總是東一句西一句的被灌入耳朵裡，但是，只有當自己遇上問題的時候，這些煩人的小格言，才顯得格外有理，不是嗎？

有一位青年畫家把自己的作品拿給美國大畫家柯羅觀看，請他指導一二，柯羅細心地指正了一些要他改進的地方。

青年畫家感激地說：「謝謝，明天我會把它全部修改過。」

柯羅訝異地問：「明天？爲什麼要等到明天？您想明天才改嗎？要是你今晚就死了呢？」

你會覺得柯羅太烏鴉嘴了是吧？其實一點也不。

人生的許多悔恨都是源自於我們相信自己會擁有許許多多的明天，得過且過地將今天蒙混過去。

許多人都像這位青年畫家一樣，老是告訴自己說：「好，從明天開始，我一定要……」

爲什麼非要等到明天才開始呢？

邱吉爾告誡我們：「要努力，請從今日開始」，不要再想著明天才做。

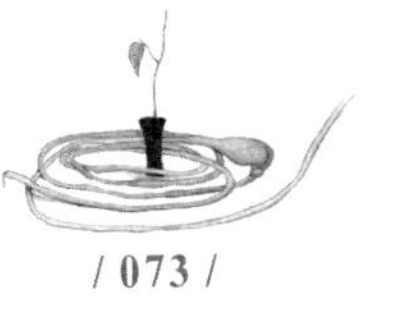

每個人都知道時間珍貴，然而，總是不知道珍惜，輕易地讓時間從自己手上溜走。

因爲，我們都習慣拖延怠惰，即使是重要的事情也要等著明天才開始做，甚至等著明天之後的明天，在缺乏決心和定力不夠的情況下，把寶貴的時間都浪費掉了。

別再拿「休息是爲了走更遠的路」當藉口，因爲，喜歡說這種話的人，通常一休息就忘了要再趕路。

如果你是那種告訴自己「今天好好休息，明天再認眞出發」的人，那麼，你將不止錯過今天，而且也會錯過明天。

你究竟要等多少個明天才肯動手？

歌德說：「不要在夕陽西下的時候幻想什麼，而是要在朝陽初昇的時候立刻投入。」

不要把事情放在下一個時間，而要把生命的分分秒秒都抓住手裡；已經決定了就不必等到明天才動手，應該一鼓作氣地前進，那種積極的力量和創造奇蹟的可能性，將會是你所想像不到的。

生活雞精

把握住今天，現在就開始！每天都是一種新的生活，抓住它，因為今天已經走進了明天。

——鮑爾斯

如何才能把汗水化作成功的喜悅？

毅力，是行動的驅動器，也是達成目標的支撐力量。毅力也是成功的基礎，凡事堅持努力到底的人，生活才會充滿希望。

有一句名言這麼說：「一次只要做好一件事，不然你將會一事無成。」這是因爲，急著在太多的領域上獲得成就，我們難免會分心、力不從心，只有每一次選定好一個目標，紮紮實實地盡全力付出，你所流的每一滴汗水才可能會化作通往成功的喜悅。

當你確切知道追求的目標是什麼，就會朝著心中的藍圖一步一步構築自己的夢想，認眞紮實地累積自己的能力和實力，而且樂在其中，不會將過程的種種艱苦當作無窮無盡的折磨。

聖．里納多在一次給校友福韋爾．柏克斯頓爵士的信中，談到了他的學習方法，還說出了自己的成功秘方。

他說：「開始學法律時，對於所有的知識我都努力吸收，並且加以融會貫通，成爲自己的一部分。但是，在一件事還未充分了解清楚前，我是絕不會再學習另一件事。」

許多人在一天之內讀完的東西，他卻得花一星期才能讀完。兩者的差別在於，其他人只想把書本上的東西全都記下來應付考試，但是他卻努力將這些東西化作自己的一部分，因此，一年後，他依然記憶猶新，但其他人卻已經忘得一乾二淨。

聖．里納多的求知精神告訴我們：別再囫圇吞棗！

很多人以爲自己能夠表現多方面的才能，但是，因爲顧及的事項太多，沒能盡全力，最後只能應付了事，反而讓自己更快洩了氣。

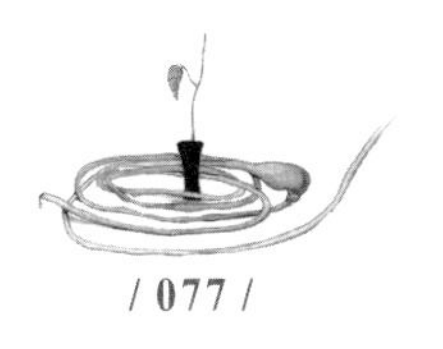

在每一種目標追求的過程，能作爲成功保證的，與其說是多樣的才能，不如說是有目標、有計劃的追求，唯有如此，我們才可能展現眞正的實力和眞正的才能。

現實社會中有不少這樣的人，他們的興趣十分多樣，涉獵的範圍也相當廣泛，並且爲此沾沾自喜。乍看之下，他們好像無所不能，但實際上卻是樣樣通、樣樣鬆，人生目標變來變去，同時也欠缺爲理想持續奮鬥的毅力。

想把生活變得更有意義，就不能做「言語上的巨人，行動上的侏儒」，不論你想做什麼，都必須鞭策自己採取行動，以實際的做法讓每一天都是生命中的傑作。

毅力，是行動的驅動器，也是達成目標的支撐力量。毅力也是成功的基礎，凡事堅持努力到底的人，生活才會充滿希望。

你一定有很多願望和夢想，卻遲遲無法達成。

走到鏡子前面，仔細看著鏡裡的自己，你看到了什麼？

你看到的，是一張老是因爲半途而廢、垂頭喪氣的臉，還是越挫越勇、堅毅不撓的臉？

你的希望就寫在你的臉上，唯一能看得見的人也只有你自己，如果你不想再萎靡不振下去，就應該先把自己的願望排好先後順序，然後擬定計劃努力去實踐。

成功的確是條不好走的路，但只要你目標確立了，你就要堅持不懈，努力實踐自己的夢想。

總之，不管你想走什麼樣的路，就必須盡全力做。

生活雞精

樂觀的人，在每一次憂患中，都能看到一個機會，而悲觀的人，則在每個機會中，都看到某種憂患。

——凱斯特納

「敢做」比「會做」更重要

順應自己的判斷，加上努力實踐，從風險中獲得效益，這是成功者的必備特質，也就是我們常說的膽識過人。

有位哲人說，在這個世界上成就非凡的人，往往不是絕頂聰明的天才，而是資質平庸的凡人，因爲，人太過聰明，就不肯做傻事、花笨功夫，很容易知難而退。

在我們身邊，許多相當成功的人，不一定是他比你「會」做，而是他比你「敢」做。

華爾街股市大亨哈默，五十八歲的時候買下了西方石油公司，開始從事石油生意。

石油是最能賺大錢的行業，正因爲最能賺錢，所以競爭特別激烈。初次進入石油領域的哈默，想要建立自己的石油王國，無疑面臨著極大的競爭壓力。首先，他就碰到了油源的問題。

當時，石油產量佔美國總產量百分之三十八的德克薩斯州，已經被幾家大石油公司壟斷，哈默完全無法插手；而阿拉伯世界則是美國埃克森石油公司的天下，哈默更難以介入，那油源問題要如何解決？

哈默前後花了一千萬美元勘探毫無結果，決定再冒一次險。

哈默接受了一位地質學家的建議，在舊金山東邊郊區，一塊德士古石油公司放棄的地區著手，地質家認爲那裡蘊藏著豐富的天然氣，建議哈默的西方石油公司把它承租下來繼續探鑽。

於是，哈默千方百計從各地籌集了大筆資金，再次投入這一次冒險的行動。就在探鑽到八六〇英呎深的時候，終於鑽出了加利福尼亞州的第二大天然氣油田，總值估計在二億美元以上。

哈默的成功故事告訴我們，風險和利潤的大小是成正比的，越大的風險越能帶來巨大的收益。

不管做什麼事，都要有冒險犯難的精神，否則不戰而敗，就像運動員競賽時棄權，是一種極端怯懦的行爲。

「敢做」比「會做」更重要，一個成功的經營者，除了有堅強的毅力外，還要有就算會失敗也要嘗試的勇氣。

當然，冒險不是要你鋌而走險，敢冒風險的勇氣是建立在客觀的判斷基礎上。順應自己的判斷，加上努力實踐，從風險中獲得效益，這是成功者的必備特質，也就是我們常說的膽識過人。

想成功嗎？好好培養你的勇氣和決斷力，但千萬別逞匹夫之勇，先充實你的視野和知識，有了過人的膽識來協助，自然能攻無不克，戰無不勝。

生活雞精

太陽每一天沈沒，人類每一分鐘死亡，我們不應當被命運嚇住，而要超過一切障礙前進，在人生的比賽中獲得勝利。

——狄更斯

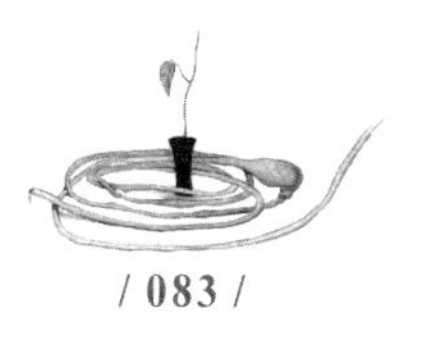

想改變世界，先改變自己

如果你想成為一個勝利者，無論從事什麼職業，都必須靠自己努力取得成就，自己盡力發揮才能來實現。

也許，你有很多事情想做，卻一味依賴別人，看到別人做得不好，就會指出缺失，力求別人改善，殊不知最大的問題反而在自己身上。

每一個人都自成一個世界，在努力改變別人的世界之前，不妨先審視自己的天空，是否少了許多美麗雲彩。

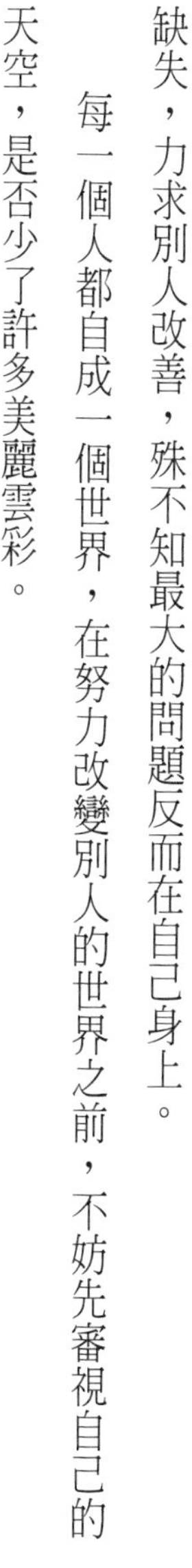

想指責別人之前，先嚴格反省自己，或許，改變了自己之後，外面的世界也變得清新。

有個四處佈道的牧師臨終前，對他的妻子說：「年輕的時候，我決心要改造這個世界，到過各個地方，向人們講述如何生活和應該做什麼的道理，但是，都沒有發揮什麼作用，沒人仔細聽我說什麼。於是，我決定先改變我的家人，但是使我灰心的是，似乎家裡的人對我的話也不曾理會，他們也沒有發生任何我所期望的變化。」

牧師停頓了一下，嘆息：「到了生命的最後幾年，我才認識到，我真正能夠影響的人，其實就有我自己。如果一個人想改變這個世界，首先應該從改變自己開始。」

就像這位牧師所說的，一個人唯一能夠改變的，往往只有自己。無論你的志向是什麼，通向成功的道路只能靠你自己一步步向前走，事實上，這是一趟孤獨

的旅行，縱使前進的道路上有不少朋友、家人或同事相伴，也絕對沒有人能替你前進。

如果你想成爲一個勝利者，無論從事什麼職業，都必須靠自己努力取得成就，自己盡力發揮才能來實現。

這是你自己的職責，當然，這不是意味著你一定要與外界隔離，而是要確立自己的人生方向，並選擇你要成爲的模樣，唯有這樣，你才眞正具備夢想成功的潛力。

生活雞精

在戰場上，一個人有時會戰勝一千個人，但是，只有戰勝自己的人，才是偉大的勝利者。

——尼赫魯

抱怨別人之前，先秤秤自己有幾兩重

不管時代怎麼變化，景氣多麼差，只要是有實力、肯努力付出的人，都會受到重視，也一定能被發現，獲得重用。

坦桑尼亞有句諺語說：「絆倒總是向前，不會向後。」

其實，在所有成功路上將你絆倒的「折磨」，背後都隱藏著激勵你奮發向上的動機。

想要成功的人，就必須懂得如何將別人對自己的折磨，轉化成一種克服挫折的磨練……

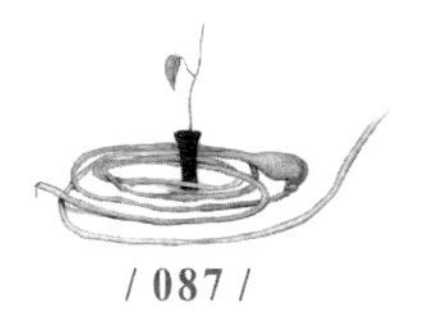

有一個自恃甚高的年輕人非常不滿自己的工作，常常氣憤地說：「我的上司一點也不把我放在眼裡，有一天，我一定會對他拍桌子，痛罵他一頓，然後辭職不幹。」

一個朋友聽了，便問他：「你在公司那麼久了，對公司的經營策略完全弄清楚了嗎？還有，對於業務上的處理技巧，你學會多少？」

他搖了搖，不解地望著這位朋友。

這位朋友對他說：「君子報仇十年不晚，你不妨先把公司的業務狀況和經營手法完全弄清楚再說，到時候再決定是否要辭職不幹。」

朋友看他一臉迷惑，解釋道：「你冷靜想想，在這個公司裡你有多少可以免費學習的地方，當你把所有東西都學會了，再一走了之，那樣不僅可以報復、出氣，最重要的是，自己又擁有許多收穫。」

總算他把建議聽懂了，也聽了進去，從此努力在公司學習，甚至下班之後還留在辦公室繼續研究。

一年後，朋友偶然在路上遇到他，便問他近況：「你現在大概都把東西學上手了，是不是準備拍桌子不幹了？」

這個年輕人聽了，尷尬地笑著說：「嗯，暫時不會吧！這半年來，老闆似乎對我刮目相看，不斷加薪升職，還讓我負責重要案子，重要的是，我今天才又升職。」

朋友笑著說：「現在，你知道當初老闆不重視你的原因了吧？都還沒有開始努力，能力又不夠，難怪老闆不把你放在眼裡，你看現在他不是對你刮目相看了嗎？」

在我們的生活週遭，充斥著眼高手低的人。這樣的人從來不會反省、檢討自己，一覺得自己不受重視，一遭遇別人批評，當下就會像刺蝟一樣武裝自己，緊接著便數落對方的不是。

遇到不景氣，首先被淘汰的，都是這種心態不健全的人。

在這個實力決定競爭力的時代，抱怨別人不重視自己之前，先問自己有多少

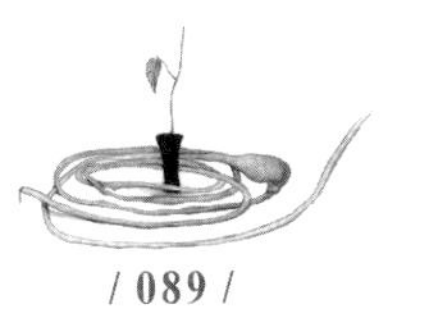

能力，有沒有盡了全力，有沒有認眞學習，是不是能力不夠。

牢騷每個人都很會發，所謂的懷才不遇，往往只是眼高手低的人自憐自艾的囈語，應該在反省自己之後，覺得問心無愧，你才能開始抱怨，或用力拍桌丟辭職信。

不管時代怎麼變化，景氣多麼差，只要是有實力、肯努力付出的人，都會受到重視，也一定能被發現，獲得重用。

你有滿肚子怨氣想發嗎？

先反省自己一下究竟擁有多少才能，又付出了多少，是不是該進修提高自己的能力了。

生活雞精

命運並不存在於一個小時的決定中，而是建築在長時間的努力、考驗和沒沒無聞的工作基礎上。

——羅曼羅蘭

讓平凡的自己變得不平凡

要從每一件小事中發現機會，不漠視自己的平凡，
也不小看生活周遭的平凡，
如此一來，再平凡的事也能變得不平凡。

你為什麼還在迷迷糊糊過日子？

很多人迷迷糊糊過日子，不知道為什麼而生活，盲目地追求一時之間讓自己感興趣的新奇事物，最後才感慨自己蹉跎了不少歲月。

人生的道路上有許多岔道和歧路，走到人生的十字路口，現實的生活往往逼著我們做出選擇，不容我們徘徊遲疑，這便是人生嚴峻之處。

人生的目標一經擇定，就必須盡心盡力去達成，如此才不會在紛雜的人生中迷失方向。

古往今來，有成就的人會努力找出自己鍾情的事務，把時間用在這個目標上，專心致志，力求突破，這就是他們的成功秘訣。

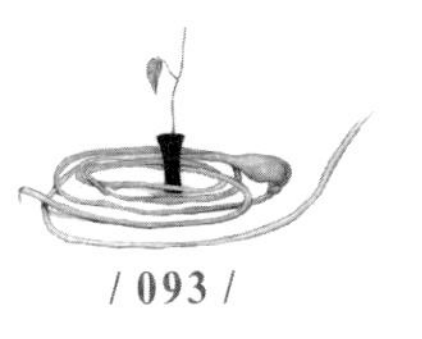

著名的博物學家拉馬克，一七四四年八月一日生於法國畢加底，是十一個兄弟姐妹中年紀最小的一個，深受父母寵愛。

拉馬克的父親希望他長大後能當牧師，便送他到神學院讀書，後來普法戰爭爆發，拉馬克被徵召入伍，派往前線對抗普魯士軍隊，不久因爲生病而提前退伍。

退伍後，他沒有當上牧師，卻迷上了氣象學，想當個氣象學家，於是整天抬頭看著變化萬千的天空。

後來，拉馬克在銀行裡找到了工作，又想當個金融家了；但是，不久後他又愛上了音樂，整天拉小提琴，想成爲一個音樂家。

這時，大哥勸他不如當個醫生，拉馬克於是又聽了哥哥的話，學醫四年，可是他對醫學卻沒有多大興趣。

有一天，二十四歲的拉馬克在植物園散步時，碰巧遇上了法國著名的思想家盧梭。盧梭很喜歡拉馬克，常帶他到自己的研究室裡去。在那裡，這位一直「三心兩意」的青年深深地被科學迷住了。

從此，拉馬克花了整整十一年的時間，有系統地研究了植物學，寫了名著《法國植物誌》。後來，他當上了法國植物標本館的管理員，又花了十五年時間，研究植物學。

拉馬克到了五十歲的時候，開始研究動物學。此後，他爲動物學努力了三十五年的時間。

整理一下，拉馬克從二十四歲起，用二十六年的時間研究植物學，用三十五年的時間研究動物學，眞正成爲一位著名的博物學家，而他也是最早提出生物進化論的學者。

其實，拉馬克很幸運，在人生道路上繞了好幾圈，還能找到自己最想做的事。但是，不是每個人都能這麼幸運，很多人迷迷糊糊過日子，不知道爲什麼而生活，盲目地追求一時之間讓自己感興趣的新奇事物，最後才感慨自己蹉跎了不少歲月。

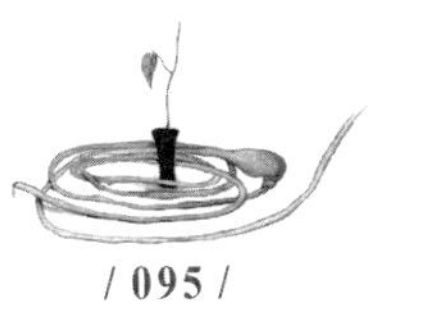

如果你覺得自己日子過得渾渾噩噩，不妨捫心自問：「現在這樣是我想要的嗎？」

因爲外在環境的影響，因爲內在的徬徨迷惘，從小我們習慣「三心兩意」，不斷在人生競技場上轉換跑道，到最後才發現自己一事無成。

從今天起，給自己一個獨自決定的機會，然後下定決心去做，因爲，人只有挑一樣自己最想做的事，然後堅定意志努力去做，才有機會在自己醉心的領域成爲人人欣羨的翹楚。

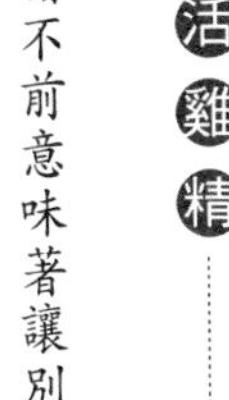

生活雞精

躊躇不前意味著讓別人控制你的生活，解決辦法是選定自己的道路，相信自己一定能達成；一旦意識到這點，就有了行動的基礎。

——威廉·詹姆斯

讓平凡的自己變得不平凡

要從每一件小事中發現機會，不漠視自己的平凡，也不小看生活周遭的平凡，如此一來，再平凡的事也能變得不平凡。

古羅馬思想家塞涅卡曾經寫道：「要是你懂得感謝人生所擁有的一切，那麼生命才會有意義。」

越是平凡之中越藏著不平凡，每一件看似平凡的小事，都會是你成功的累積。

所以，別輕視生活裡的每一個小事，有一天你會發現，原來看似平凡的生活，原來有著這麼多的不平凡。

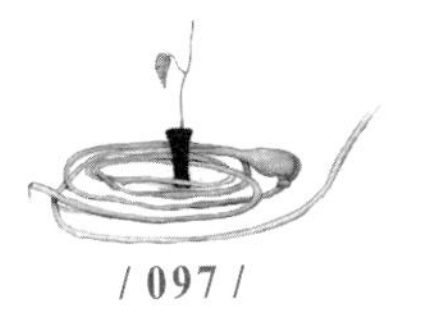

十八世紀瑞典化學家塞勒，在化學領域有著相當傑出的貢獻，可是瑞典國王卻毫不知情。

在一次歐洲旅行的途中，瑞典國王這才知道自己的國家居然有這麼一位優秀的科學家，於是決定授予塞勒一枚勳章。

可是，負責頒發獎的官員孤陋寡聞，又抱持著敷衍了事的心態，竟然沒有找到那位陸歐知名的塞勒，而草率地把勳章發給了一個與他同名同姓的人。

當時，塞勒在瑞典一個小鎮當藥劑師，他知道國王頒發一枚勳章給自己，也知道發錯了人，但是他只付諸一笑，完全不當一回事，仍埋頭於化學研究中。

塞勒在業餘時用極其簡陋的自製設施，不僅發現了氧，還陸續發現了氯、氨、氯化氫及幾十種新元素和化合物。

後來，他更從酒石中提取酒石酸，並根據實驗寫成兩篇論文，送到斯德哥爾摩科學院。豈知，科學院竟然以「格式不合」爲由，拒絕承認他的論文。

但是，塞勒並不灰心，在他獲得大量研究成果以後，根據這些實驗寫成了書與讀者見面，終於在三十二歲那年當選爲瑞典科學院院士。

當應該給你的「獎項」落到別人手裡，當你的努力不獲得肯定，你能像塞勒一樣處之泰然，要求自己繼續努力嗎？

如果我們也有塞勒這樣埋頭苦幹、鍥而不捨的精神，願意在平凡中追求偉大，那麼成功就離我們不遠了。

整個社會中，除了一些特殊的人從事特定工作外，一般人都很平凡，但不管怎麼平凡，只要肯努力，依然可以做出不平凡的成績。

那種大事做不了，又不肯爲小事付出心力的人，是最要不得的。其實，不管是個人，或是公司、企業，成功都正是源自平凡工作的積累。

公司需要的是能夠在平凡中求成長的人，能夠認眞對待每一件事，把平凡的工作做得很好，才是能夠發揮實力的人。

不要小看任何一項工作，沒有人可以一步登天，當你認眞對待每一件事，你會發現自己的人生越來越寬廣，成功的機遇也越來越多。

平不平凡並不重要，重要的是，你是否能從中找到成功的道路，是否知道要從每一件小事中發現機會。

不漠視自己的平凡，也不小看生活周遭的平凡，如此一來，再平凡的事也能變得不平凡。

生活雞精

我只有在工作得很久而還不停歇的時候，才覺得自己的精神輕快，也才覺得自己找到了活著的理由。

——契訶夫

捉準時機，為自己創造奇蹟

生活的意義在於創造，敢冒最大的風險去創新的人，在事業上才能取得最大的功成名就，實現人生的最大價值。

創新，是件極具風險的事，但是不管是在哪一個領域，想要出類拔萃，就必須花費心思不斷創新，只要勇於嘗試，創新肯定比保守固執、停滯不前還要有未來。

就商業領域而言，也許你看得見市場需求，也許你看得見流行趨勢，但是，與其看得見，不如當個引領市場走向的舵手。只要用心，靈活運用你的腦袋，發揮創意，在看見需要和走向時，勇敢跨出去，任何時間都會是你最佳的開拓時機。

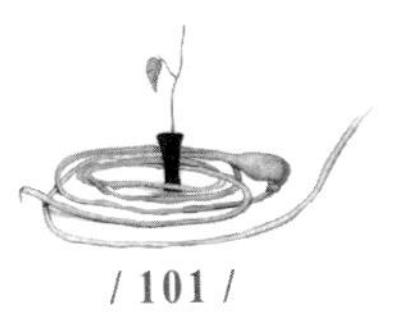

一八六六年開始有了汽車，而爲了適應發展的需要，滿足客戶的要求，英國勞埃德保險公司在一九〇九年率先承接了汽車的保險。

當時，還沒有「汽車保險」這個名詞，勞埃德公司於是將這一保險項目暫時歸類爲爲「在陸地航行的船」。

後來，勞埃德公司還首創了太空技術領域保險。一九八四年，美國太空總署發射的兩顆通訊衛星，因爲失去控制而脫離軌道，按照保險合約，勞埃德公司必須理賠一．八億美元。

眼看要賠償一筆巨款，勞埃德公司絞盡腦汁後，終於想出一個方法，出資五百五十萬美元委託美國「發現號」太空船的太空人，在一九八四年十一月中旬回收那兩顆通訊衛星。

經過一番整修之後，這兩顆衛星在一九八五年八月再次被送入太空。

如此一來，勞埃德不僅少賠了七千萬美元，還向它的投資者說明，從長遠眼光萊，看「衛星保險」仍然有利可圖。

目前，勞埃德保險公司已成爲世界保險行業中名氣最大、信譽最佳、資金最雄厚、歷史最優久、賺錢最多的保險公司，每年承擔的保險金額高達二千多億美元，保險收入約六十億美元。

「敢冒最大的風險，去賺最多的錢」是勞埃德公司的宗旨，他們最引以爲豪的就是開拓創新的精神，敏捷地認識並接受新的事物。

國際知名的歷史學家丹尼爾·布爾史坦接受《美國新聞與世界報導》訪談時說過這麼一段話：「歷史上，打破大眾錯誤觀念的人，往往是冒險嘗試的人。這些人願意冒險去嘗試做大家認為大膽或愚蠢的事情。」

事實上，那些懂得爲自己創造財富的人，大多數也具備這種特質，因爲他們把自己看到的夢想逐一變爲現實。

不敢適時冒險的人，就像未曾在刺骨寒風中成長的梅花，無法讓自己的生命

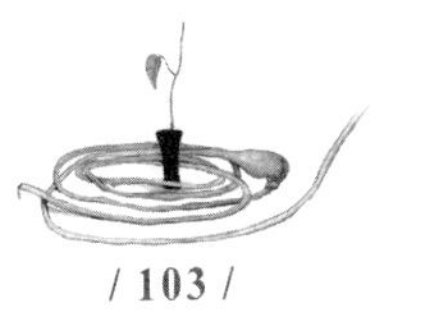

綻放美麗的花朵。一個人如果想讓自己出人頭地，就不能老是抱怨爲何自己遭遇那麼多挫折，而要以開拓的精神，勇敢跨越這些失敗挫折。

你既羨慕又嫉妒別人名利雙收嗎？

你可知道他們走了多少辛苦路，冒了多少風險才保有目前的地位；如果你不知創新，一味等著別人來幫助你，一味跟著別人的腳步，那你永遠只有羨慕別人的份而已。

生活的意義在於創造，敢冒最大的風險去創新的人，在事業上才能取得最大的功成名就，實現人生的最大價值。

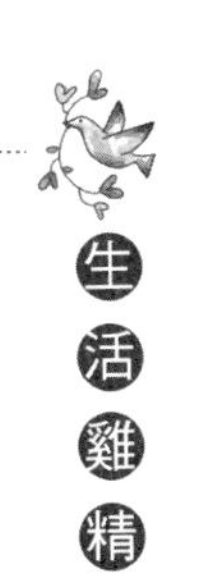

生活雞精

我不願擁有一個塞滿東西的頭腦，而情願擁有一個思想開闊、勇於創新的頭腦。

——蒙田

要讓自己過得更幸福

英國首相邱吉爾曾說：「一個人絕對不可能在遇到危險的威脅時，背過身去試圖逃避。若是這樣做，只會使危險加倍，但是，如果立刻毫不退縮地面對它，危險就會減半。」

人的一生過得是否快樂與幸福，往往取決於能不能把折磨當成磨練，勇敢走向自己選擇的道路。

對於想要改變自我的人，美國食品連鎖業的傳奇人物黛比．菲爾茨鼓勵說：「記住，無論如何都要勇敢跨出第一步，當你走過第一個最困難的冒險，再一次要面對風險就更容易多了。」

黛比．菲爾茨出生在一個有很多兄弟姐妹的大家庭，從小她就非常渴望得到父母親的讚揚和鼓勵，但是由於孩子實在太多了，父母忙著養家活口，根本就照顧不到她的需求。

這樣的成長經歷，使得她長大後依然缺乏自信心，後來她嫁給一個事業非常成功的高級管理員，但美滿的婚姻並沒有改變她的自卑心理。

當參加社交活動時，她總是顯得害羞、笨拙，唯一使她感到自信的地方是在廚房裡烹飪的時候。她非常渴望成功，但是，想鼓起勇氣從家務中走出去，又害怕遭到親友恥笑。

但人總是會變的，她仔細想了想，要不就停止成功的夢想，要不就鼓起勇氣走出去。

她決定進入烹飪業，於是鼓起勇氣對父母親和丈夫說：「因爲你們總是稱讚我的烹飪手藝，所以我決定要自己開一間食品店。」

他們聽了，驚訝地叫道：「喔，黛比，這，這不可行啦，要是失敗了怎麼辦？這事很難的，別胡思亂想了。」

他們一直這樣勸阻黛比，但是，她不願意再倒退回去，不願再像以前那樣猶豫不決。

她下定決心要開一家食品店，丈夫雖然始終反對，但是最後仍然給了她開食品店的資金。

豈知，食品店開張的那一天，竟然沒有一個顧客光臨，她幾乎要被冷酷的現實擊垮。

第一次冒險就讓自己身陷其中，黛比心中有著必敗無疑的恐懼，甚至相信親友們是對的，冒這麼大的險是一個錯誤。

只是，冒了第一個很大的風險以後，面對下一個風險就顯得容易多了，所以，她決定繼續走下去。

黛比一反平時膽怯羞澀的窘態，端著一盤剛熱好的食品上街，請每一個過往的人品嚐。

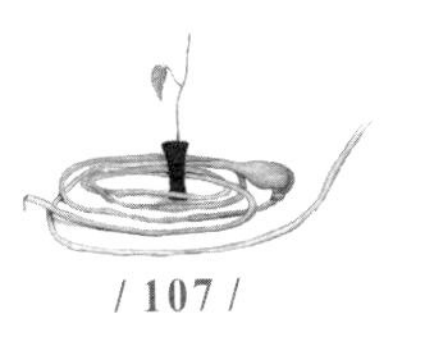

結果，所有嚐過的人都讚不絕口，說味道非常好，這讓她開始有了信心，許多人也開始接受了黛比的食品。

現在，「黛比．菲爾茨」的名字在全美連鎖商店裡赫赫有名，她的公司「菲爾茨太太原味食品公司」則是最成功的食品連鎖企業，她完全脫胎換骨，成爲一個渾身散發著自信的女人！

每一個人都自成一個世界，想要擺脫蒼白灰暗的世界，不妨先審視自己，是否少爲頭上的天空增添幾道美麗的雲彩？

想獲得非凡的成功，想享受愉快的人生，首先必須保持健全的心理狀態，用積極樂觀的心境面對生活週遭的折磨。

英國首相邱吉爾曾說：「一個人絕對不可能在遇到危險的威脅時，背過身去試圖逃避。若是這樣做，只會使危險加倍，但是，如果立刻毫不退縮地面對它，危險就會減半。」

絕對不要逃避任何事物；面對風險，當你信心不足時，不必擔心，放大膽些，及時邁出決定性的第一步後，只要妥當運用自己的智慧，接下來的難題都可以迎任而解。

生活雞精

生活需要巨大的勇氣，怯懦的人只是存在，並非生活。他們活在虛妄中，不僅害怕真實的事，也害怕虛假的事。

——奧修

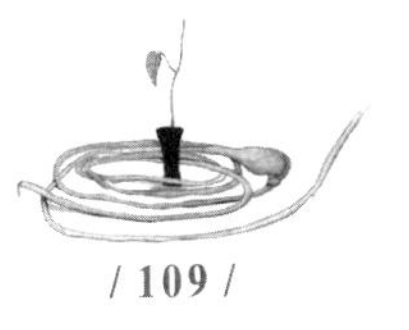

勇敢嘗試，就是跨出成功的第一步

我們都有能力實現自己的願望，別再拖延了，讓自己心中的希望就從現在開始，一步步落實。

每個人都生活在希望之中，一旦舊的希望實現了，或者破滅了，就應該讓新希望的烈焰熊熊燃起。

如果一個人只是得過且過地一天蒙混過一天，心中沒有任何希望，那麼，他的生命實際上已經停止了。

美國歷史上著名的探險家約．戈達德十五歲的時候，還只是洛杉磯郊區一個沒見過世面的孩子，但是，他充滿著夢想，把自己一輩子想做的大事列了一個表，命名爲「一生的志願」。

他在志願表上列著：「到尼羅河、亞馬遜河和剛果河探險；登上珠穆朗瑪峰、奇力馬札羅山和麥特荷恩山；要騎大象、駱駝、鴕鳥和野馬……」每一個項目還都編了號，一共有一百二十七個目標要實現。

戈達德把夢想認眞的寫在紙上後，開始抓住每一分每一秒，決心要讓目標一一實現。

十六歲那年，戈達德終於和父親到了喬治亞州的奧克費諾基大沼澤和佛羅里達州的埃弗格萊茲探險，完成了志願表上的第一個項目。

二十歲時，他已經到加勒比海、愛琴海和紅海裡潛過水了，這年他還成爲一名空軍駕駛員，在歐洲的天空有了三十三次的戰鬥飛行經驗。

二十一歲時，他已經到過了二十一個國家旅行；就在他剛滿二十二歲時，他來到了馬拉的叢林深處，還發現一座古代馬雅文化的神廟。

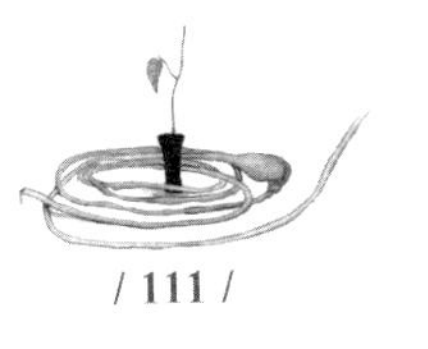

同年，他成為「洛杉磯探險家俱樂部」有史以來最年輕的成員，接下來他籌劃著實現自己最重要的目標，那就是探索尼羅河。終於，戈達德在二十六歲那年，和另外兩名探險夥伴，來到布隆迪山脈的尼羅河之源。

緊接著，戈達德積極地完成他志願表上的目標：他乘筏漂流了整個科羅拉多河，造訪長達二千七百英哩的剛果河，在南美的荒原、婆羅洲和新幾內亞與食人族一起生活，爬上了阿拉拉特峰和奇力馬札羅山，也寫成了一本書《乘皮艇下尼羅河》……等等，他計劃中的目標一件件的實現了！

年近六十歲的戈達德，依然顯得年輕，他不僅是一個經歷無數次探險的傳奇人物，還成了電影製片人、作者和演說家。

戈達德在實現自己目標中，有過十八次死裡逃生的經歷。他說：「這些經歷讓我學會了更加地珍惜生活，而且凡是我能做的我都想嘗試。我相信，每個人都有自己的目標和夢想，但並不是每個人都會努力去實現。」

戈達德的故事告訴我們：勇敢嘗試，就是跨出成功的第一步。

你沒有太多時間猶豫徬徨，檢查一下你的生活，問問自己：「假如我只能再活一年，那我準備做些什麼？」

我們都有能力實現自己的願望，別再拖延了，讓自己心中的希望就從現在開始，一步步落實。

生活雞精

理想是很抽象的東西，看似無法捉摸，但是，只要鬥志昂揚，成功的機會便會大增，反之，則必敗無疑。

——萊辛

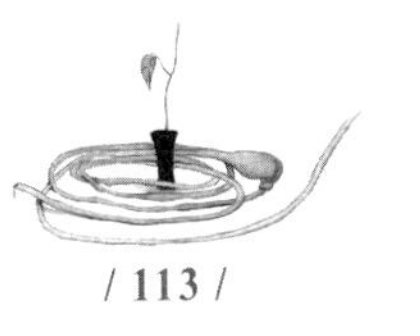

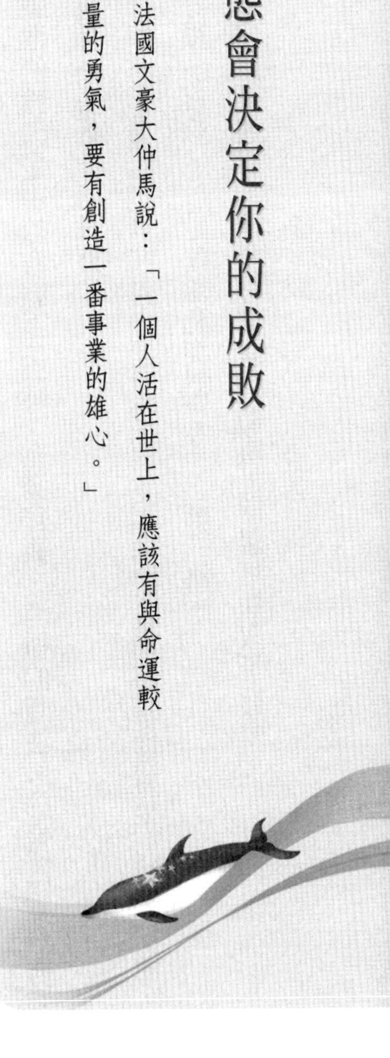

心態會決定你的成敗

法國文豪大仲馬說：「一個人活在世上，應該有與命運較量的勇氣，要有創造一番事業的雄心。」

如果你被生活的重擔壓得喘不過氣，不喜歡現在這種缺乏信心的窩囊情況，不妨換個角度，先試著改變改變自己，再找回你的信心。

人生有時候就像棒球比賽，每個人都可以是球場上優秀的投手，球就在你手上，想丟出什麼速度和變化，操之在你，只要你信心重建了，三振敵手肯定游刃有餘。

在一九七六年舉行的大聯盟棒球賽中，球迷都對聖·安東尼奧隊充滿信心，認爲他們一定能贏得世界冠軍，因爲他們擁有許多出色的打擊手。

但是，事情卻出乎意料，聖·安東尼奧隊場場敗北，在上半季比賽中連輸了十八場。

於是，投手責怪捕手，捕手埋怨內野手，內野手又責怪外野手，結果大家互相埋怨，整個隊陷入一片混亂。

聖·安東尼奧隊的經紀人歐瑞利，清楚知道這個隊伍所具有的實力，發現他們屢屢戰敗的原因是由於心態不正確，充滿悲觀、消極的想法，於是歐瑞利開始尋找治這種「心病」的良方。

那時候，在達拉斯有一個叫斯洛特的知名牧師，當地信徒盛傳他有特異功能，可以治好很多疾病，於是歐瑞利突然想了一個計劃。

在某次比賽還有一個小時就要開始前，歐瑞利採取了行動。

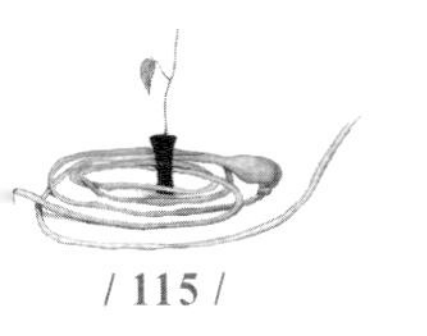

他興奮地衝進了球員休息室，對球員們說：「夥計們，我想出了解決問題的辦法，你們不必再擔心了，把你們最好的兩根球棒給我，我會在比賽開始之前趕回來，今天的比賽我們一定能贏。」

他從每個隊員那裡拿走了兩根球棒，然後匆匆離開。

在距離比賽開始還有五分鐘的時候，他興奮地回來了，高聲說：「夥伴們，問題已經解決了，大家不用擔心。我已經請斯洛特先生爲我們的球棒祈禱了，他說，我們只要走進打擊區，用力揮棒就能擊中球心，今天的比賽我們一定能贏，最後的冠軍也一定屬於我們。」

結果，當天聖．安東尼奧隊的成績是二十二分，擊出三十七支安打，其中還包括十一支全壘打。他們不但贏了那場比賽，最後也以輝煌的戰果贏得世界冠軍獎盃。

事實上，歐瑞利什麼事也沒做，只是開著車到外頭閒逛，但他的說詞和逼眞的演技讓那些隊員的態度起了很大作用。

法國文豪大仲馬說：「一個人活在世上，應該有與命運較量的勇氣，要有創造一番事業的雄心。」

千萬別在邁向成功的道路上自暴自棄，一旦你有了這個念頭，連神仙都救不了你。

「心病要用心藥醫」，這句話可不是專用在男歡女愛的浪漫上，想激勵人心，想重建自己的信心，這帖方子更是非常適用，態度決定一個人的成敗，你都過不了自己這關，還能過得了哪個關口？

生活雞精

在這個世界上獲得成功的人，是那些奮力尋找他們想要機會的人；如果找不到機會，他們就自己創造。

——蕭伯納

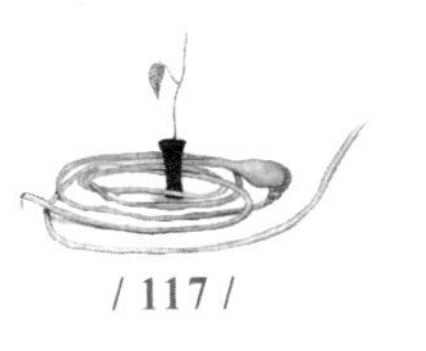

人生，隨時都可以重新開始

只要你肯把生命的電源找出來，不論你到了什麼樣的年齡，處於人生的哪個階段，潛能一發動，你的世界就會是多彩多姿的。

每個人體內都有尚未開發的潛能。

有的人四歲就會講多國語言，有的人到了八十歲還充滿活力地在亞馬遜河探險，說明了人的潛能是無窮無盡的。

一個人只要還能思考，心中還充滿著夢想，潛能都會等著你來發動。

人生隨時可以再開始，沒有時間、年齡限制，重要的是，你看不看得見自己的無限潛能。

林白在二十五歲時，成爲世界上第一個飛越大西洋到巴黎的人，約翰．保羅瓊斯則在二十二歲時就當上了海軍上校，拿破崙在二十三歲以前就已經是砲兵隊隊長，艾利．惠特尼二十八歲時成功地改造了軋棉機……

在世界上，有許多年紀輕輕就非常成功的實例，當然也不乏大器晚成、老年圓夢的楷模。

柯馬爾一直到七十歲時，才被世人公認爲鐵路大王，在他八十八歲高齡時，還是當時鐵路界最活躍的人。

哥倫布發現新大陸時也年逾五十，伏爾泰、牛頓、史賓塞，以及湯瑪士、傑佛遜……等人都在八十歲之後，才到達智慧的巔峰，伽利略則直到七十三歲時才發現月球每天、每月的盈虧。

開發潛能，對於中老年人來說，意義十分重大。

在美國，有兩位年屆七十歲的老太太，一位認爲到了這個年紀算是走到人生

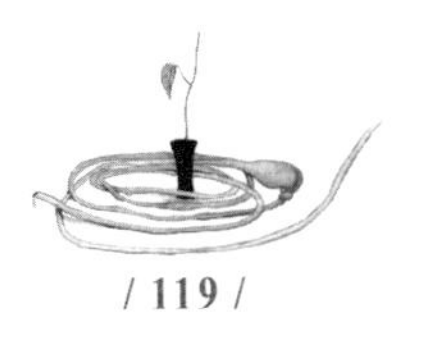

的盡頭了，開始料理起自己的後事；另一位卻認爲，一個人能做什麼事不在於年齡的大小，而在心境。

於是，她在七十歲時開始學習登山，而且在往後的二十五年裡，一直冒險攀登高山，其中幾座還是世界有名的山峰。

最後，她還以九十五歲的高齡登上了日本的富士山，打破攀登此山的最高年齡紀錄。

赫胥黎曾經提醒我們：「人生不是受環境支配，而是受思想擺佈。」

確實如此，思想的力量是很驚人的，我們對事物的感受與反應方式，不僅僅左右著我們的行爲，更主宰著我們命運。

消極悲觀的生活態度最容易磨損一個人的心志，不但會讓人動輒產生負面情緒，更會使人喪失勇氣和信心，最後淪爲生活的奴隸。

在紛紛擾擾的時代，與其整天抱怨生活不如己意，何不如試著換個角度，讓自己的生活變得更快意？

相信自己，只要保持年輕的心境，不管在任何時空下，每個人都能激發出無窮無盡的力量。

人生隨時都可以重新開始，只要你肯把生命的電源找出來，不論你到了什麼樣的年齡，處於人生的哪個階段，潛能一發動，你的世界就會是多彩多姿的。

安全舒服、沒有任何困難的生活，無法使人提升自己的境界。相反的，只有遭逢逆境之時，願意用正面的態度激發自己潛能的人，方能走出一片燦爛的前景。

生活雞精

世界之所以有前進的動力，靠的是人不安於現狀；至於滿足的人，總是侷囿於框框之內。

——霍桑

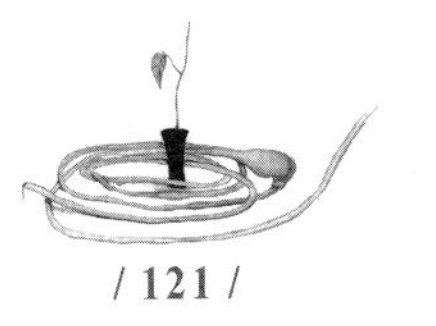

下定決心去做偉大的事情

有遠大的目標，才能激發出令人難以置信的能力，改寫一個人的命運。目標會導引你的一切想法，而你的想法會決定你的人生走向。

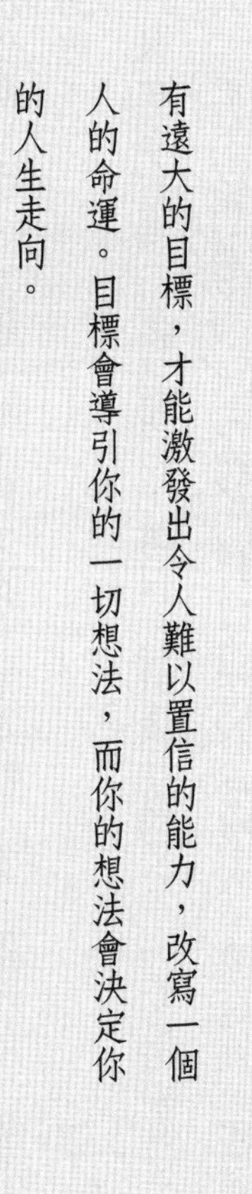

法國總統戴高樂曾經這麼說：「眼睛所看得到的地方，就是你會到達的地方；只有偉大的人才能成就偉大的事，他們之所以偉大，是因為決心要做偉大的事。」

一個人如果沒有遠大的目標，一定只會注意到眼前的瑣事。一個僅僅注意到瑣事的人，永遠也到達不了遠大的目標。

重量級拳王吉姆．柯伯特有一回在做跑步運動時，看見一個人在河邊釣魚，收穫頗豐。

奇怪的是，柯伯特卻發現那個人一釣到大魚，就把牠放回河中，只有釣到小魚才裝進魚簍裡。這種情況讓人好奇，於是他就走過去問那個釣魚的人為什麼要那樣做。

豈知，這位釣客竟然回答：「老兄你以為我喜歡這麼做嗎？我也是不得已的，因為我只有一個小煎鍋，那麼大的魚沒法子煎啊！」

這則軼事會讓你覺得好笑吧！

可是，很多時候我們都在做著同樣的事情，譬如，我們有一番雄心壯志，卻習慣告訴自己：「算了吧，我想的未免太龐大了，我只有一個小鍋，煮不了那麼大的魚。」

甚至還會進一步找藉口，讓自己退後好幾步：「如果這真是個好主意，我想別人一定早就想過了，反正我的胃口也沒有那麼大，還是挑一些容易的事做就好，可別把自己累壞了。」

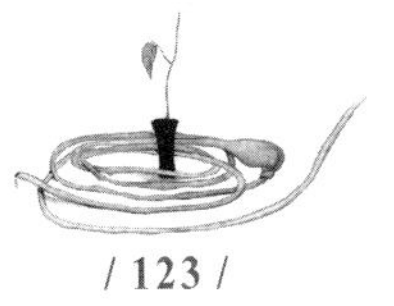
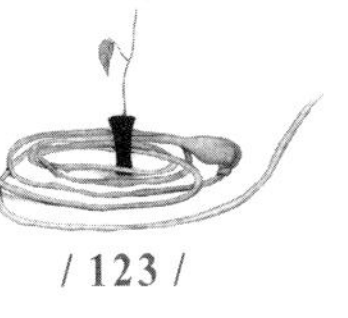

一個人要是沒有明確的奮鬥目標，就像一艘無人掌控的幽靈船一樣，永遠也不知道自己究竟要航向何方。

無法找出正確的航路，那就只能在茫茫大海中漂流打轉，即使轉變的契機就在眼前，也會視而不見。

有一位曾經多次獲得跳遠金牌的國際知名運動選手說：「跳遠的時候，眼睛要看著遠處，你才會跳得夠遠。」

有遠大的目標，才能激發出令人難以置信的能力，改寫一個人的命運。想把看不見的夢想變成看得見的目標，首要做的事便是設定自己的目標，這是一切成功的基礎。

目標會導引你的一切想法，而你的想法會決定你的人生走向。但是，設定目標有一個原則，就是它要有足夠的難度，乍看之下不易達成，可是對你有著足夠的吸引力，讓你肯全心全力完成。

只要我們有了這個心動的目標，再加上一定要實現的信念，那麼成功便是指日可待的事。

生活雞精

明確知道自己在追求什麼，達到目標的決定因素是什麼，這對每人來說都是寶貴的法則。它會幫助你克服一切艱難、困苦和挫折，並獲得成功。

——彼得．利斯

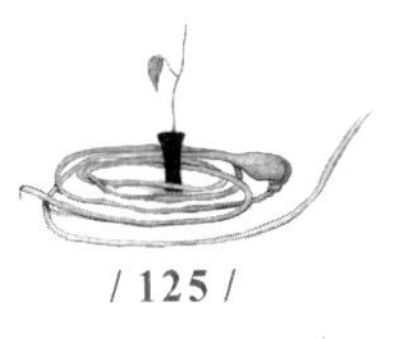

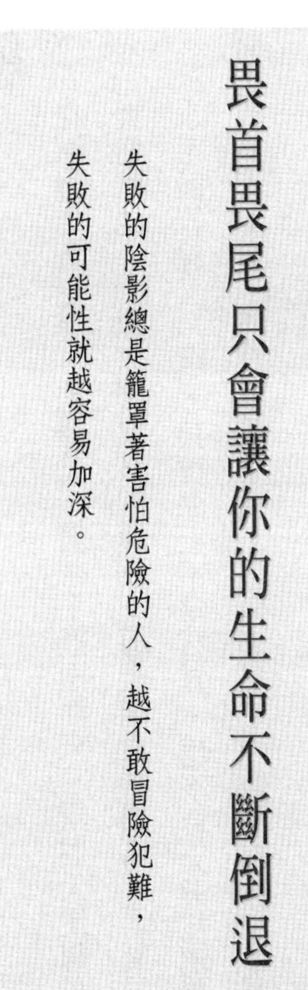

畏首畏尾只會讓你的生命不斷倒退

失敗的陰影總是籠罩著害怕危險的人，越不敢冒險犯難，失敗的可能性就越容易加深。

印度詩人泰戈爾說：「使社會變得偉大的人，正是那些有勇氣在生活中嘗試和解決新問題的人。」

人唯有迎接新的挑戰，人生才出現轉機，畏首畏尾只會使生命不斷倒退。當你感到缺乏意志，無法駕馭自己的生活，這種感覺會助長內心的失落感，縱使你目前的生活看似優裕，也不可能活得無愧於自己。

在我們生活週遭常常可以聽到：「看你們那麼辛苦，我才不做咧！」或是

「哇，那麼困難，我一定不要。」

遇到艱難，試都不想試就選擇避開，這種人還能成就什麼事？

有個名叫大衛的年輕人，住在英格蘭內陸的一個小鎮上，從來沒有看過海的他，非常想到海邊看一看大海的模樣。

某天，他終於如願以償來到海邊，當他看到夢想已久的大海時，天空正籠罩著厚厚的濃霧，海面波濤洶湧，天氣又溼又冷，使得他大失所望。

他心裡想著：「我開始不喜歡大海了，還好我不是水手，當一個水手實在太危險了。」

在海邊走著走著，他遇見一個水手迎面而來，兩個人便聊了起來。

大衛問他：「你怎麼會喜歡海呢？海上瀰漫著濃霧，天氣又冷又溼。」

水手回答說：「哦，其實海上不常有霧，也不會天天都那麼冷，大部份的時間是明亮而美麗，而且對我來說，任何天氣下的海洋都非常美麗，因爲我非常愛

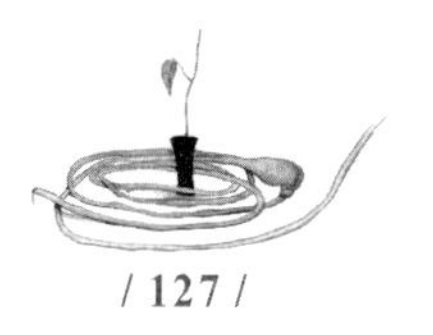

大海。」

大衛又問：「當水手不是很危險嗎？」

水手說：「朋友，當一個人熱愛他的工作時，他是不會想到什麼危險的，何況我們的家人每一個人都愛海。」

「喔？你的父親現在何處呢？」大衛問道。

「他遇到颶風，已經葬身大海。」

「你的祖父呢？」

「他的船隻失事，死在大西洋裡。」

「那你的哥哥……」

「他在海邊游泳時，不幸被鯊魚吃了。」

大衛瞪大眼睛說：「哇，這麼慘！如果我是你的話，我永遠也不願意靠近大海。」

水手聽了之後，反問大衛：「那，你能不能告訴我，你的父親在哪裡過世的呢？」

大衛回答說：「喔，他是在床上斷氣的。」

「那，你的祖父呢？」

「他也死在床上。」

水手笑著對大衛說：「既然這樣，那就奇怪了，你爲什麼還每天到床上去睡覺呢？」

畏首畏尾只會讓你的生命不斷倒退，誠如作家坎普所說的：「沒有遇過挫折的人，無法讓自己的生命綻放出美麗的花朵。」

生命最美之處，不在一帆風順，而是克服逆境、轉危爲安的當下；而在夢想面前舉足不進，那才叫險境。

失敗的人之所以失敗，只因爲在他們總是擔心著可能遭遇的危險；而成功的人之所以成功，則是在於他們不畏艱難、勇往直前。

也許這麼說有點八股，但是事情就是這樣，當們靜下心來反省，就不難發現

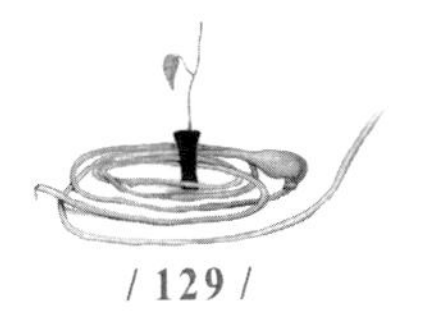

因爲自己恐懼、害怕，錯失的機會究竟有多少。

失敗的陰影總是籠罩著害怕危險的人，越不敢冒險犯難，失敗的可能性就越容易加深。

生活雞精

理智告誡你必須改變自己，而你卻不能；恐懼使你踟躕不前，你究竟等待著什麼，往往連你自己也說不清。

——莫泊桑

PART 4

找出屬於自己的成功捷徑

你應該確認自己的能力是否已充分地發揮，
如果你能清楚地設定自己的方向，
以及將要實現的目標，
那麼你才能找到屬於自己的成功捷徑。

把別人的刺激當作前進的動力

朝向目標前進的時候，千萬不要因他人的嘲笑、諷刺而沮喪放棄，你大可把它當作刺激和前進的動力，毫不動搖地繼續向前邁進。

每個折磨和挫折，都隱藏著成功的種子。那些在人生道路上將我們絆倒的「折磨」，背後都隱藏著激勵我們奮發向上的動機。

一個人的成就永遠跟他身處逆境時，所展現的態度成正比。想要在自己認定的領域有一番成就，就必須將別人對自己的刻薄、折磨，視爲成功必經的磨練。

如果通往成功的電梯故障了，那麼就走樓梯吧！只要還有樓梯或是任何前進的工具，你就能通往想抵達的地方。

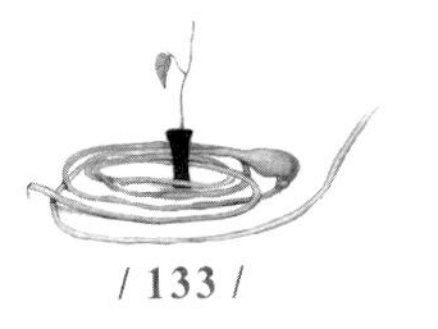

成功的快慢並不是那麼重要，重要的是，你是否能不斷地用自己的力量，一步一步地朝目標前進。

電影明星席維斯史特龍還沒成名之前，生活非常落魄困苦。曾經一度，他的身上只有一百塊美金的生活費，想租間房子都租不起，每天只能睡在報廢的汽車中。

他立志要做個傑出的演員，於是信心十足地來到好萊塢的電影公司應徵，但是，卻因爲外貌不夠出衆，以及咬字不夠清楚而遭到拒絕。

在被拒絕了一千多次之後，他仍然不死心，絞盡腦汁寫了一齣叫〈洛基〉的劇本，並拿著這劇本四處推薦。

雖然仍不斷地遭到拒絕，但是他一點也不灰心，最後終於遇到了一位肯欣賞他的老闆，並如願以償地讓他成爲名聞國際的超級巨星。

恆心是成功的基石，當你朝向目標前進的時候，千萬不要因他人的嘲笑、諷刺而沮喪放棄，你大可把這些折磨當作刺激和前進的動力，毫不動搖地繼續向前邁進。

在人生路途中所遇上的任何麻煩或阻礙，你都要勇敢地面對，因為只有在解決之後，你才能繼續前進，問題也才不會愈積愈多；而且，當你徹底地解決了一個問題之後，其他的問題也會自動地消失。

只要有耐心，將問題一個一個慢慢解決，不要操之過急，也不要任意放棄，很快地，你就會發現自己的轉變。你會發現自己不但衝勁增強，自信心提高，生活充滿了無限的活力與動力，不僅工作比過去做得更好，生活也比過去更充實愉快。

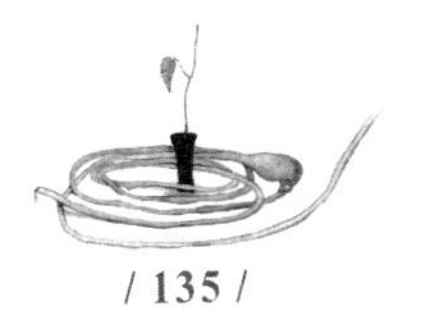

先相信自己，你才能超越自己

「相信你能，你就一定能。」相信了自己，你就能滿懷信心，輕鬆地解決每一道難題，邁向自己期待的成功。

名劇作家蕭伯納在《聖女貞德》裡說：「有決心，有牢固的雲梯，就可以爬過最堅硬的牆。」

信心就是你向上攀爬的雲梯，只要下定決心、充滿信心，你就能克服任何過去讓你畏懼的困難。

美國著名的推銷員齊格，剛踏入行銷行業時，參加了一個由激勵大師梅里爾指導的培訓課程。

培訓結束後，梅里爾先生將齊格留下，並對他說：「你的能力非常好，是一個很有前途的人才，甚至能成爲全國最優秀的推銷員。我絕對相信，如果你能夠全心全力投入工作，並相信自己的能力，那麼你一定能獲得成功。」

當齊格聽到這番話時，不禁感到受寵若驚。

齊格之所以會這麼驚訝，其實與他的成長過程有絕對的關係，他回憶說：「當我還是個小男孩時，個子不高，運動細胞也不好，即使身上穿了再多的衣服，體重也不會超過一百二十磅。小學五年級的時候，每天放學和星期六，我都必須去打工。而且，我的膽子很小，直到十七歲才敢和女孩子約會，而且還是別人幫我設計的一個盲目約會。一直以來，我只是一個希望回到家鄉小鎮上工作，一年能賺個五千美元就滿足的小人物。」

當然，齊格相信了梅里爾先生的話，開始發憤努力，更把自己視爲不可多得的人才。

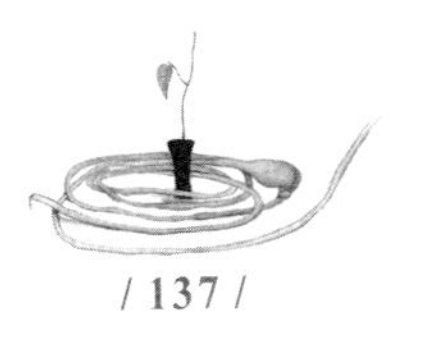

後來，他眞的就成了一位優勝者。

齊格說：「其實，梅里爾先生並沒有教我們很多推銷技巧，但上過他的課程之後，我在美國一家擁有七千多名推銷員的公司中，銷售成績卻能名列第二位。第二年，我更成爲全州報酬最高的銷售經理之一，也成爲全國最年輕的分區主管。」

齊格遇到梅里爾先生後，人生有了急遽的轉變，這並不是獲得了最新的推銷技巧，也不是他的智商提高了，而是梅里爾先生讓他確信自己有獲得成功的能力，並給了發揮自己能力的信心。

這就是爲什麼鼓勵比責罵來得有效的原因，特別是對那些沒有信心的人。

欠缺信心的人在成長的過程中充滿自卑，認爲自己沒什麼用處，他們的心願就是希望捧著「鐵飯碗」，不要遇上任何變化，一成不變地直到終老。

但這樣眞的就是最好的狀況嗎？

俄國文豪高爾基在《我的大學》一書中寫過一段警句，提醒我們不要盲目地追逐世俗的價值。他這麼說：「我們的生活和福音書已經相差太遠了，生活正走在自己的道路上。」

其實，一個人的成功、幸福，往往來自於對各種不同環境的適應能力，而不是過著毫無變化的生活。人只要願意試著用喜愛的心情面對環境，那麼無論遭遇什麼困境，都會是通往成功、幸福的途徑。

我們不一定要期待別人的鼓勵，因爲自己就可以給自己勉勵，給自己信心。

許多勵志大師都是這麼說的：「相信你能，你就一定能。」不管是念力也罷，意志也行，相信了自己，你就能滿懷信心，輕鬆地解決每一道難題，邁向自己期待的成功。

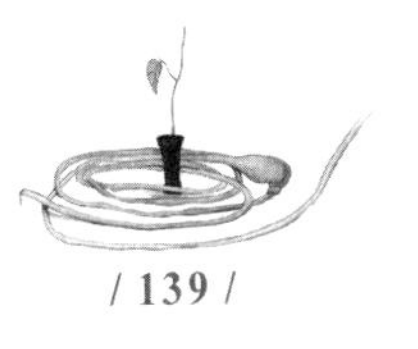

從一開始就要下定決心

別在乎別人怎麼說，也不要因為他人的批評和外在環境的嚴苛而束縛自己，堅定決心，把生命的熱情釋放出來，決心將會帶領你，一步步邁向你的理想。

不要管別人怎麼看待你，也不要管事情看起來有多艱難，只要你確認了自己的人生方向，並且下定決心，那麼就勇敢地將步伐加大吧！

如此一來，再多的批評和惡運，最後都會向你低頭的。

世界第一名女性打擊樂演奏家伊芙琳．格蘭妮說：「從一開始，我就下定了決心，沒有人能阻擋我對打擊樂的熱情。」

格蘭妮生長在英國蘇格蘭東北部的一個農場裡，八歲時開始學習鋼琴，隨著年齡的增長，對音樂的熱情更是與日俱增。

但不幸的是，這時她的聽力竟然開始退化，經過醫生的診斷之後，發現這是一種難以治癒的神經性損傷，而且依病情的變化，恐怕不到十二歲，她就將完全耳聾了。

但是，這一點也不影響她對音樂的熱情，她所立下的人生目標是成爲打擊樂器的演奏家。

雖然當時並沒有所謂的打擊樂手，但爲了演奏，她學會用不同的方法來「聆聽」其他人所演奏的音樂，而且當她演奏時，通常只穿著長襪表演，如此一來她就能透過身體和想像，感覺到每個音符的震動，並利用感官和觸覺，來感受整個聲音的世界。

當她決心成爲一名音樂家，向倫敦皇家音樂學院提出申請時，雖然她的特殊病況曾引起某些老師反對，但是她的精湛表演，卻征服了每位老師。

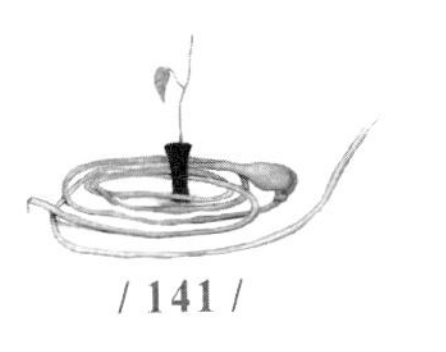

於是，她順利地進入了皇家學院，畢業時更獲得最高榮譽獎的殊榮。從此，她便致力於成爲第一位專業的打擊演奏家。她費盡心思爲打擊樂獨奏譜曲，也改編了很多樂章，讓許多熱愛打擊樂器的音樂人，有了屬於自己的樂譜。

現在，格蘭妮已經有十幾年的打擊樂資歷了，她沒有因爲醫師的診斷而放棄自己的夢想，她不斷地堅持，努力不懈，終於用熱情和信心征服了命運和所有的樂迷。

不論在生活中或是工作中，我們都承受著來自各方面的壓力，也無可避免地會遭遇各式各樣的批評。

遇到批評，我們應該抱持正面態度心存感激，把善意的批評當成勉勵，把惡意的批評當成砥礪，不必爲此患得患失。

據說，羅斯福總統曾經向一位睿智的長者請教，面對別人惡意的批評時，該如何應付才好？

這位長者語重心長回答說：「不要管別人怎麼說，只要你在心裡知道自己是對的就行了。」

這段話告我們，別在乎別人怎麼說，也不要因爲他人的批評和外在環境的嚴苛而束縛自己。

只要你知道自己是對的，就該堅定決心，把生命的熱情釋放出來，決心將會帶領你，一步步邁向你的理想。

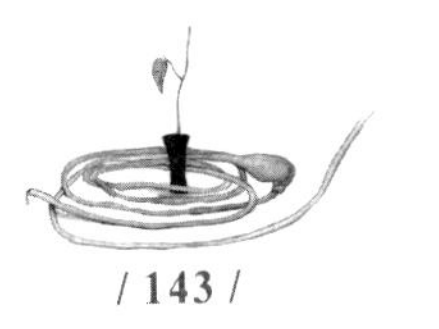

多聽聽自己的批評聲音

多聽聽自己給自己的批評和反省，只要一發現錯誤，就要立即調整步伐，而不是老是困在別人的侷限裡不知所措。

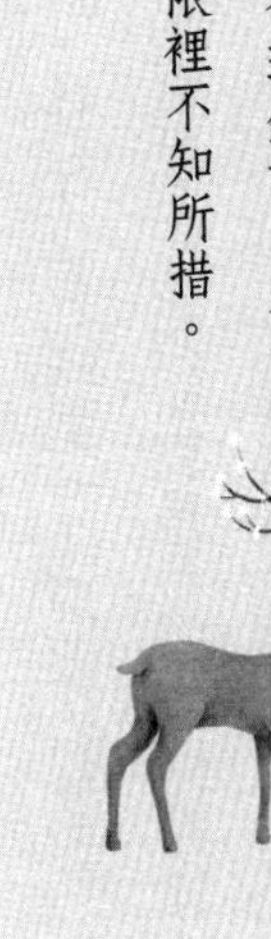

你多久沒照著自己的想法生活了？

你的夢想被拋得多遠了呢？

留點時間給自己，聽聽自己眞正的想法吧！你可以愉快地生活，只要你願意傾聽自己的聲音。

艾倫．瓊斯是一家電視公司的主管，率先提出創立空中大學的想法，以培育電視相關的專業人才，但當時並沒有得到大家的支持。

艾倫．瓊斯回憶說：「許多銀行家和投資人，都認爲這個行業並不可行，但我堅信這個創意，當然，後來的發展證明了我的信念是對的。」

他的例子說明了，勇於堅持自己的理念，試著與別人溝通，並且嘗試克服各種困難，最後才有可能成功。

如果上級否定了你的計劃，或者堅持要你按照他的想法行事時，激動的反抗不只不夠成熟，而且往往也於事無補。這時，應該靜下心來檢討自己的計劃是否有不足之處。

當你追求夢想，希望得到別人幫助的時候，往往也會聽到一些批評的聲音。

其實，能聽到一些批評也不錯，畢竟其中仍有許多人的初衷是希望能保護你，讓你遠離一些不夠踏實的幻想，所以批評也是一種助力，能避免你的莽撞和躁進。

不過，當別人批評著「不夠資格、這個想法不會成功、這種產品沒有市場、他太年輕」時，千萬不要被嚇倒了。

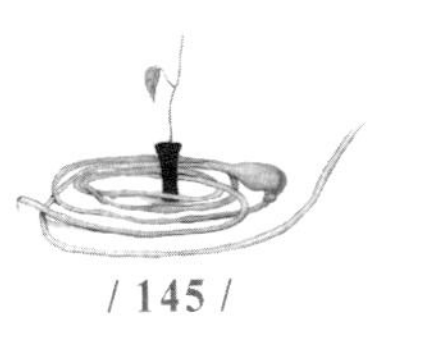

你可以對這些消極、負面的話語充耳不聞，更要學會辨別什麼是惡意批評，什麼才是眞正的建議，如此一來，你才能眞正地實現你的夢想。

塞萬提斯在《唐吉訶德》裡提醒我們：「低估自己是懦弱，高估自己是魯莽，真正的勇敢來自於正確地評估自己。」

對自己充滿信心，相信自己有能力解決難題，用積極的態度把潛在的能力發揮出來，就一定達成夢想。

理想能否實現，眞正能影響你的人仍然只有自己。別人有別人的想法，任何消極的批評，也都是他們的想法，不應該把它成爲你的束縛。

多聽聽自己給自己的批評和反省，只要一發現錯誤，就要立即調整步伐，而不是老是困在別人的侷限裡不知所措。

設定自己的成功標準

你可以嘗試別人的方法，但是在嘗試之後，仍得找到自己的路。因為，別人的成功方法不一定適用於你。

在這個世界上，每個人都是獨一無二的個體，在生命過程中不可能會有人與你一模一樣。

所以，你應該要有自己的成功標準，更要有自己的生活標準和價值觀念，因爲再多的盲從與模仿，都不會成爲你的！

至於別人怎麼看待你的言行舉止，如何解讀你的價值，那是他們的事，就讓他們去傷腦筋吧！

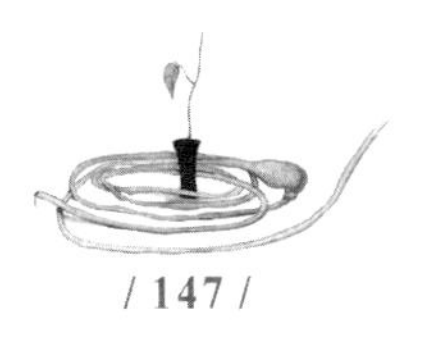

麥克斯．威爾醫師曾經描述過這樣的一次經歷。

在羅斯福執政期間，他曾爲總統夫人的一位朋友負責一個手術。事後，羅斯福夫人邀請他到白宮去，他在那裡過了一夜，據說隔壁就是林肯總統曾經睡過的房間，他實在感到非常榮幸。

那天晚上，他完全睡不著，因而用白宮的文具和紙張，寫信給母親、朋友……等等。

「麥克斯，」他在心裡對自己說：「你眞的來到白宮了。」

第二天一早起來，他下樓用早餐，總統夫人已經等在那裡了。他吃著盤中的炒蛋，接著僕人又送來了一托盤的鮭魚，問題出現了，他什麼都吃，就是從不吃鮭魚，因此畏懼地對著那些鮭魚發呆。羅斯福夫人向麥克斯微笑，指著總統先生說：「他很喜歡吃鮭魚。」

麥克斯考慮了一下，心想：「我是什麼人？怎麼能怕鮭魚？總統都覺得好吃

了，我就不能覺得很好吃嗎？」

於是，他切著鮭魚，並混著炒蛋一起吃下去，結果，他從下午開始就渾身不舒服，一直到晚上仍然非常想嘔吐。

後來，麥克斯一直思索，這件事有什麼意義呢？他在自己的著作《心靈的慧劍》寫出自己的感想：「很簡單，其實我一點也不想吃鮭魚，而且根本也不必吃，但是，我卻爲了附和總統，而背叛了自己。雖然這是件小事，很快就過去了，可是換個角度想，這不正是許多人爲了成功，最常碰到的陷阱之一嗎？」

有位作家曾說：「人總是為了增進人際關係而強顏歡笑去演自己不喜歡的角色，長久演戲的結果，把自己都給忘了。」

勉強自己去演不喜歡或不適合的角色，只會迷失自我，即使絕佳的機會出現眼前，也會被自己弄得一團糟。

你認爲別人的成功模式，就一定適用於你嗎？

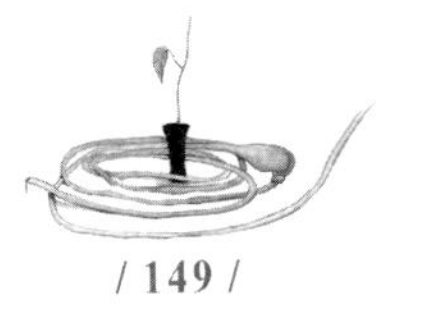

走在別人留下的成功痕跡上，你也只是跟著別人走一趟而已，別忘了在這條相同的路上，已經有人先到達了終點，而你只不過是再加深成功者走過的路痕罷了。

你當然可以嘗試別人的方法，但是在嘗試之後，仍得找到自己的路，不要一味地抄襲模仿。

因爲，別人的成功方法不一定適用於你，唯有找到了屬於自己的價值標準，你的成功才會長久，也才會是你眞正的成功。

想暢行無阻，就必須小心鋪路

想使未來暢行無阻，現在就必須開始鋪路，別因為過去一個小錯誤，成為影響今日發展的主要因素。

若要人不知，除非己莫爲，凡是走過的路，必然會留下一點蹤跡。

現代社會裡，有許多人雖然表面上受著法律約束而謹守紀律，私底下卻常常任意妄爲，在沒人注意的地方大肆破壞，造成其他人的困擾甚至傷亡。例如，建築物偷工減料、偷走水溝蓋……等等惡行。

或許因爲一時的「幸運」，沒人發現那些行爲，然而人類整個生活圈就像食物鏈般，牽一髮而動全身，最後的影響經過循環還是會輪迴到自己身上。

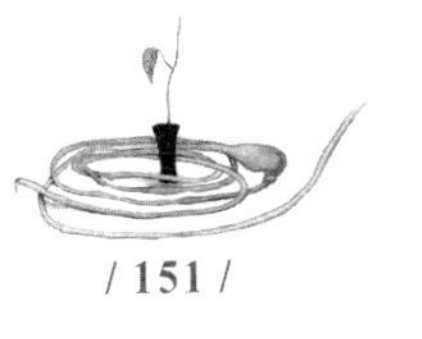

任何卑劣的行爲都會留下紀錄，不可不小心謹慎。

有一次，著名的哲學家和文藝理論家狄德羅答應幫忙一位年輕人看他的作品並加以評論。

年輕人依約帶著一份手稿出現，可是當狄德羅接過稿子時，怎麼也沒有想到那是一本誹謗他的小冊子。

等到他從頭到尾看完後，心裡充滿驚訝和不解。

直到那位年輕人第二次去找他時，狄德羅才疑惑地問道：「先生，我和你素昧平生，當然不可能得罪過你。能否告訴我是怎麼樣的動機使你這樣批評我，還想辦法讓我生平第一次讀到一部諷刺自己的文章呢？通常，碰到這樣的作品，我都會把它扔進垃圾桶裡。」

那位年輕人大言不慚地回答：「因爲我沒有飯吃。我這麼做是希望您給我幾個錢花，只要這樣我就不發表它。」

「看完你長篇大論的胡謅之後，我認爲你還可以得到更大的利益。」狄德羅好氣又好笑地繼續說道：「奧爾良公爵的兄弟是個虔誠的教徒，而且十分恨我。我建議你把這個作品獻給他，我敢保證無論什麼時候，只要你把這個作品送給他，都一定會獲得資助。」

「可是，我並不認識這位公爵，而且由我自己上門推銷也不大適當。」年輕人猶豫地說著。

「坐下吧，我馬上幫你寫。」狄德羅豪爽地說。

於是，狄德羅眞的爲他寫了推薦信。這位年輕人拿著推薦信來到公爵面前，也一如狄德羅預期般得到爲數不小的錢財。幾天後，年輕人回來向狄德羅致謝，狄德羅則誠懇地建議他找一個正當的工作。

許多人成名之後，過去的一切都會被八卦雜誌挖掘出來。偏偏在這個隱善揚惡的社會，愈是負面的消息就愈讓人感興趣，也因此名人們常在過去的「惡行」

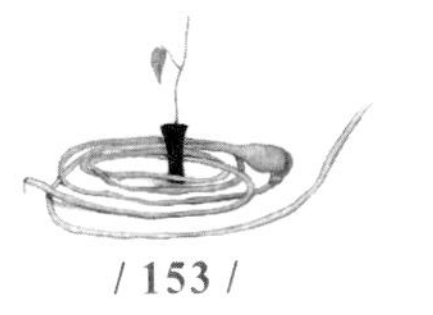

被報導出來後，爲了表示負責，必須召開記者會對社會大衆道歉，但還是在民衆心中留下了不好的印象，影響自己的事業。

目前有許多職業需要「考核」過去的行爲，例如警察、機師、情治人員等等。即使是學生時代留下的一個小過，都可能成爲日後遭人排拒在外的原因。讓過去的小錯誤成爲影響未來發展的大障礙，是一件很可惜的事。

惡可以由小而大，小惡做久就不在乎大惡了；善也是積少成多，小善終能成大德。

或許我們覺得自己只是個平凡人物，根本不用擔心這些，但是換個方向想，若我們能積小善、去小惡，熱心於幫助別人，或許會有意想不到的收穫。

想使未來暢行無阻，現在就必須開始鋪路，別因爲過去一個小錯誤，成爲影響今日發展的主要因素。

找出屬於自己的成功捷徑

你應該確認自己的能力是否已充分地發揮，如果你能清楚地設定自己的方向，以及將要實現的目標，那麼你才能找到屬於自己的成功捷徑。

只有成功的人才知道，不論成功或失敗，一切都取決於自己。他們更明白，取得成功的要素不在於外在物質條件，而是自身實現目標的信心，和獨一無二的自我肯定。

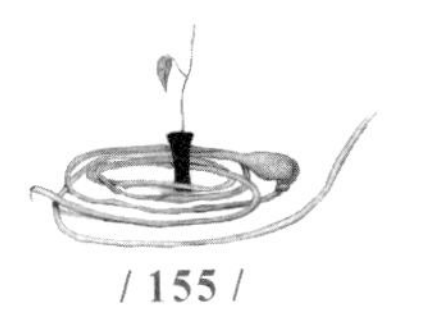

科學家們發現，沒有一個人的指紋、聲音和DNA會重複，所以，每個人都是獨一無二的生命個體。

雖然大家都知道這個眞理和事實，但我們還是習慣跟別人相比，比較別人的薪資是不是比自己高，比較別人的工作是不是比自己輕鬆，比較別人的日子是不是過得比自己好。

甚至，在報紙上看到某些人非凡的成就時，便會充滿嫉妒、羨慕，自我安慰地告訴自己：「只要等到他這個年紀，我就能和他一樣了。」

其實，這些比較一點意義也沒有，因爲你不知道他們在成功之前，曾經付出過多少心力，說不定他們能有今天的成就，付出的代價是超出你我想像的，畢竟成功的背後，都有著許多不爲人知的汗水和努力。

每個人都有屬於自己的才能，而且絕對是獨一無二的。不管是耐力、幽默感、善解人意或交際天分……等，都是可以幫助我們取得成功的有利工具。如果你忽略了這些才能，不肯好好發揮自己的潛力，不斷拿自己和別人比較，那麼只會讓你對自我及自信心產生負面的影響而已。

你應該確認自己的能力是否已充分地發揮，如果你能清楚地設定自己的方向，以及將要實現的目標，那麼你才能找到屬於自己的成功捷徑。

英國作家斯威夫特曾說：「最不願正視自己的人，才是最嚴重的盲人。」

確實如此，人生最困難的事，莫過於勇敢面對自己，認識自己，進而肯定自己，發掘本身究竟擁有多少潛力。

我們不必和別人比較後才來肯定自己，每個人都有不同的天分和潛力，透過難題的解決，你就能慢慢地發現自己的實力。

我們不要被眼前的事物、假象迷惑，也不要再被工作、房子、車子或任何外物限定了，我們不是這些東西的附屬品，更不會因爲身上的裝飾或名牌而變得特別有價值，只要認定自己的獨特之處，你就不必再給自己貼上任何標籤了。

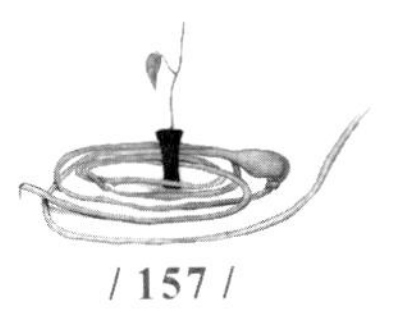

給自己一個肯定的掌聲

工作是你的，生活更是你的，如果因為別人的一句無心之言，讓你的生活充滿自卑和退縮，這樣值得嗎？

非得等到別人點頭和肯定，你才能確定自己的能力嗎？

如果是話，那麼你肯定沒有盡力。

只要盡了力，不管別人怎麼看，你都應該給自己鼓勵，那樣任何事在你手中，才會有更多的活力與創意！

賈許拿了一份報告進來，想請主管審核，主管看了一會兒後，點點頭說道：「嗯，寫得還不錯。」

又過了一會兒，主管卻突然搖了搖頭，賈許見狀，趕緊說：「可能……可能還有一些疏忽吧。」

只見主管再次又搖了頭，什麼話也沒說，賈許開始有點心虛，說道：「其實，問題也不算大吧！」

主管繼續搖了搖頭，賈許小聲地說：「我想……也許是主題寫得不夠好，陳述也不夠清楚。」

但是，這位主管仍然不說話，只是又搖了搖頭，於是賈許只好尷尬地說：「把這些問題修改後，應該就會更好了。」

主管還是什麼話也不說，這時，賈許聲音更小了，低下頭說：「我會重新寫份報告過來。」

終於，這位主管開口了：「唉，這件新襯衫的領子眞不舒服。」

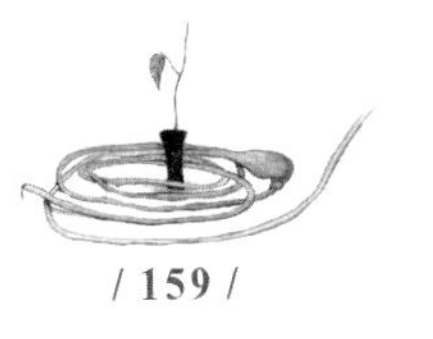

沒有人不想得到認同和讚美，但是有時候這些讚許和支持，不一定要等著別人給予，當你太在乎別人的感受之時，反而只會在精神上逼死自己，一點好處也沒有。

工作是你的，生活更是你的，如果因爲別人的一句無心之言，讓你的生活充滿自卑和退縮，這樣值得嗎？

一旦把別人的贊同與否，認定是生活的必需，那麼，你就別奢望能有創新或開創性的未來。

如果每件事都必須等到別人的贊同，才能心安理得地進行下一步，或者非要得到別人的誇獎，你才肯繼續前進，那麼，你必然受到束縛，你的成功勢必永遠比別人慢一步。

不能明確說出自己的想法與感覺，只會迎合他人所好，放棄自己的價值觀念，盲目地跟著別人的思想前進，那麼生活對你而言，不只會過得比別人辛苦，更會因有志難伸而抱怨連連。

每個人的背景不同，當然也會有各種不同的想法，我們當然不必要爲反對而反對，但忠於自己的想法，才是對自己負責的態度。

除了讚美之外，你也可能會聽到許多的反對意見，但不必太在意，這些都可以成爲前進的動力，能夠把別人的批評加以消化、吸收，那麼前進的步伐才會更愉快而穩健。

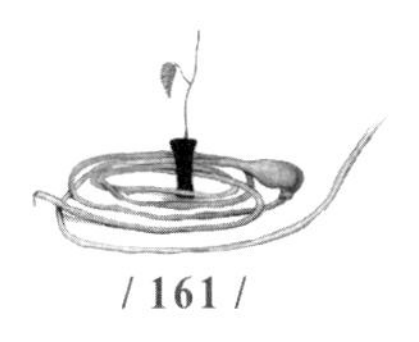

你也可以做自己的伯樂

做自己的伯樂吧！你一定知道自己有哪些能力與才華，只要靈活運用，並且相信自己，你就有機會遇到真正的知音！

你自認是一匹千里馬，但是卻一直找不到欣賞自己才能的伯樂嗎？那麼，不如先做自己的伯樂吧！給自己一個支持和表現的機會，做自己獨一無二的知音。

約翰是某家公司的工程師，個性沉默寡言的他，因為不懂得如何與人交際，很多人總是把他當作透明人一樣視而不見。

直到有一次參加大學同學會，他的生命才有顯著的改變。當時，有人請他談一談關於國外旅遊的經驗，由於這是他第一次在一大群人面前說話，所以不斷地出現緊張、口吃的情況。

約翰覺得自己說不知所云，因此感到相當懊惱。但是，就在同學會結束後，有一位老同學卻跑來跟他說：「約翰，你講的內容非常有趣，希望以後能有機會再聽你演講。」

自從被這位老同學稱讚了之後，約翰開始覺得自己其實並不差，對自己的口才也多了一點點的信心。

後來，他開始拓展自己的人際關係，盡情展現自己的才華，終於獲得公司高層識，一步步獲得擢升，現在已經晉升為公司的經理，不僅負責公關，還處理對外聯繫與交際業務。

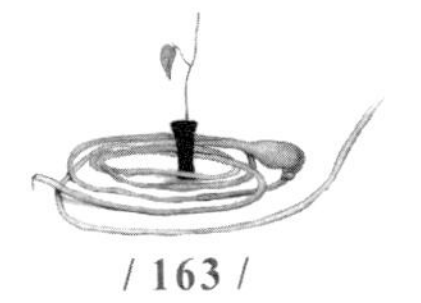

古羅馬思想家西塞羅曾經寫道：「人拋棄理智，就要受感情的支配，就像一艘船不小心駛入深海，找不著停泊處。」

評斷自己的時候，千萬不能有偏頗、負面的想法，也不要萌生自卑心理，如此才能確實認識自己。

不管別人怎麼認定自己，也不管那些認定的優劣，只要我們心中認定了自己的能力，我們必然能充滿自信地前進。

每個人都希望能遇上懂得鑑賞自己的伯樂，但這畢竟需要一點運氣，如果一千萬個人中只會有一個你的知音，那怎麼辦？

不如就做自己的伯樂吧！

你一定知道自己有哪些能力與才華，只要你能靈活運用，並且相信自己，你就有機會遇到眞正的知音！

PART 5

日子難過，更要認真地過

有位哲人曾說：

「人生的棋局，只有到了死亡才算結束，

只要生命還存在，就有挽回棋局的可能。」

日子難過，更要認真地過

有位哲人曾說：「人生的棋局，只有到了死亡才算結束，只要生命還存在，就有挽回棋局的可能。」

景氣不好，日子難過，大部份人的生活都過得很辛苦！

但是，當你在埋怨苦日子折磨人的時候，不妨仔細想想，在這些難過的日子當中，你到底認眞生活過幾天，又爲自己爭取過多少機會？

別再把抱怨掛在嘴上，每個人生活都是由自己的思想創造的，你有權選擇日子難過，也大可選擇開心生活，如果你的生命韌性都還沒開始發揮，就任風雨吹折得直不起腰，你還能要求享有什麼樣的生活？

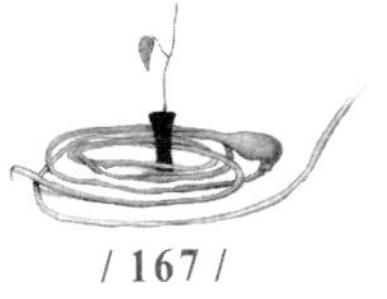

有一個女兒常常對父親抱怨自己遇上的事情總是那麼艱難，真不知要如何應付生活，好像一個問題剛解決，新的問題就又出現了。

一天，父親把她帶到廚房，把水倒進三個鍋裡，然後用大火煮開，不久鍋裡的水燒開了。

他在第一鍋裡放進了胡蘿蔔，第二鍋裡放入雞蛋，最後一鍋則放入研磨成粉狀的咖啡豆。他小心地將它們放進去用開水煮，但一句話也沒說。

女兒見狀，一直碎碎唸著，很不耐煩地等著，不明白父親到底要做什麼。

大約二十分鐘後，父親把爐火關閉，把胡蘿蔔、雞蛋分別放在一個碗內，然後把咖啡舀到一個杯子裡。

做完這些後，他這才轉過身問女兒：「親愛的，妳看見什麼了？」

「胡蘿蔔、雞蛋和咖啡。」她回答。

他讓她靠近些，要她用手摸摸胡蘿蔔，她發現它們變軟了。接著，他又讓女兒拿著雞蛋並打破它，然後將殼剝掉後，她看到了煮熟的雞蛋。

最後，父親讓她喝口咖啡，品嚐到香濃的咖啡時，女兒終於笑了。

她怯聲問：「父親，這意味著什麼？」

父親回答說：「這三樣東西都是在煮沸的開水中煮過，但是它們的反應卻各不相同：胡蘿蔔入鍋之前是強壯結實的，但進入開水後，它就變得軟弱了；而雞蛋本來是易碎的，只有薄薄的外殼保護著，但是一經開水煮熟，它的內部卻變得堅硬；至於粉狀咖啡豆則很特別，進入沸水之後，徹底改變了水的特質。」

從這個故事中你體會到了什麼？

有位哲人曾說：「人生的棋局，只有到了死亡才算結束，只要生命還存在，就有挽回棋局的可能。」

在艱難和逆境面前，你可以學胡蘿蔔、雞蛋或是咖啡豆，你可以屈服，也可以使自己變得更堅強，甚至可以改變環境。

不要忘了，每個人的生命都是自己的作品，不管遭遇多少困難，面對的環境有多艱辛，只要你願意，隨時都可以揮灑手中的彩筆，使自己的生命更加繽紛亮麗。

生活雞精

每一種生活方式都有它的優點和缺點，時常抱怨生活中的缺陷的人，即使擁有最理想的環境，也是不會滿足的。

——桃樂絲．卡耐基

只要你有心實現，就一定會達成

如果你認定自己難以改變命運，讓消極的情緒佔了上風，就會走向的宿命。

林肯認爲：「一個人決定實現某種幸福，他就一定會得到這種幸福。」

人生路有遠有近，通往目標的道路也有許多條，迷失方向的時候，沿途有許多人可以讓你問路，告訴你怎麼走。不過，問得再詳細，想要到達目標仍然得靠你親自走一遭。

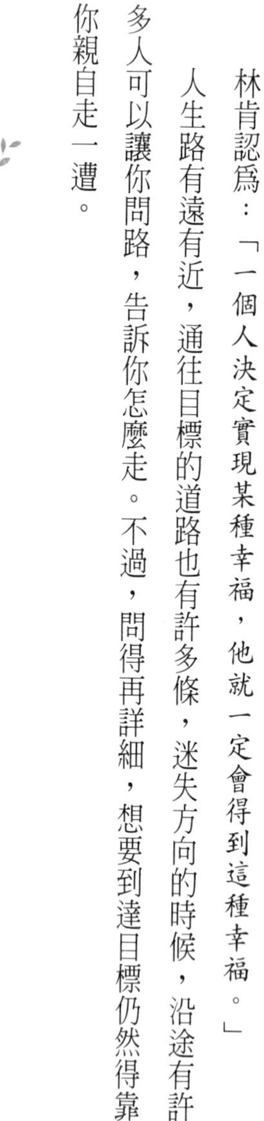

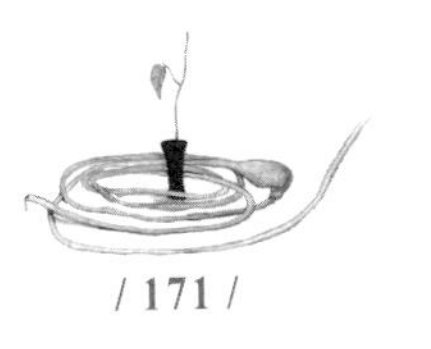

有一個寒冷的深夜，一個美國作家從阿拉巴馬州的伯明罕驅車前往密西西比的梅地安，因爲他必須在第二天早上趕到當地。

車子奔馳到了半途，由於原先計劃行走的路線正在整修，這位作家只好找服務站求助。

值班的服務人員熱心地告訴他一條最佳的替代路線，並且爲他畫了張簡圖，信心滿滿地說，只要按著地圖走，保證能提前到達梅地安。

這位作家完全按服務站人員的指示前進，但走了一小時後卻發現越走越不對勁，下車詢問另一個加油站員工後才知道，自己正走在與梅地安相反的路上，顯然那位熱心的服務員給他指錯了方向。

類似的情況是不是也曾經在你身上發生？

當一個人因爲遭挫折而灰心喪氣，或在家庭和事業上都很不順心時，往往會尋求別人指引明路，但是，必須小心提防有人指錯了路，讓你產生消極影響。

無論你身處何種境遇，路畢竟都是自己選擇的。

你可以偶爾讓別人爲你指點一下，但是，必須再用心靈羅盤校對、確認一下，才不會走入歧途。

你爲什麼不成功？

你爲什麼覺得生活是無窮無盡的折磨？

你應該仔細思考這個問題，相信很多人都曾經思考過，但給自己的答案幾乎相同，不是「時運不濟」就是「能力有限」！

眞的是時運不濟嗎？還是，我們總習慣把失敗歸罪於別人，卻不肯自我反省？

如果你認定自己難以改變命運，讓消極的情緒佔了上風，就會走向的宿命。是誰要求你選擇失敗的宿命？

也許有很多人不切實際的認爲，只要擁有足夠的資金，自己就可以做得和別人一樣好。

也許吧！但是，你是不是應該更積極地去爭取這些足夠的資金呢？

看看你身邊的成功例子，他們就是你的榜樣，相信他們的條件不會比你好，

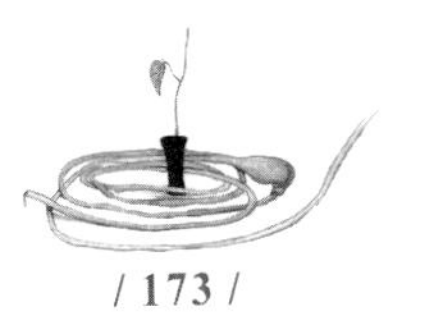

許多人甚至比你起步的條件更糟，但他們成功了，就是因爲他們有成功的願望，追求成功的熱情比你強烈。

記住，只要你眞的努力過了，就會知道許多事情的成敗，原來只是在自己的一念之間。

成功的基本條件是：你希望成功，並始終相信自己會成功，永遠都不停止努力！

生活雞精

成功者與失敗者之間的區別，常在於成功者能由錯誤中獲益，並以不同的方式再嘗試。

——愛默生

激發生命潛能，開創美麗人生

生命是一種創造性的歷程，每個人都應該了解自己創造力的來源，激發自己的生命潛能，開創自己的美麗人生。

如果，你都看不見自己的能力了，又有誰能看得見？你都低估了自己的才能，還能期望誰重視你呢？

如果連自己都放棄了，那你身上的能力肯定要永遠消失。

心理學家在一所著名的大學中，選了一些運動員進行實驗。他們要求這群運

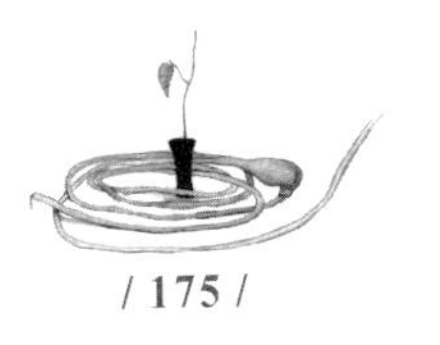

動員去嘗試一些別人無法做到的高難度動作，實驗開始前還幫他們做心理建設，誇獎他們是國內最好的運動員，鼓勵他們一定能做得到。

這群運動員被分成兩組，第一組雖然非常努力，卻仍然做不到，等第二組到了體育館後，心理學家告訴他們第一組失敗了。

不過，這時候，心理學家說：「把這個藥丸吃下去，你們的能力就會和第一組不同，這藥丸會讓你們有超人的水準。」

沒想到第二組運動員，眞的輕易地完成了那些困難的動作。

事後，有運動員好奇地問：「那是什麼藥丸？」

研究人員笑了笑說：「其實，只不過是普通的維他命而已。」

爲什麼普通的維他命藥丸能夠讓第二組運動員完成高難度的運動？

因爲，他們相信自己能藉著藥丸的效力發揮最大的潛能！因此，只要你相信自己，就能完成每一件你要做的事。

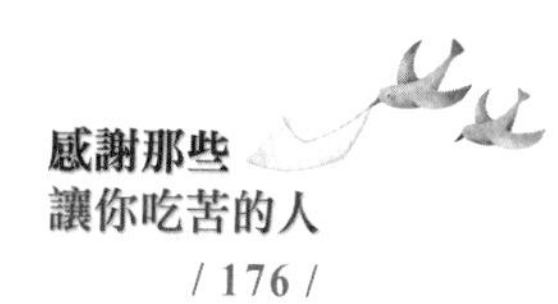

一個擔心被拒絕的推銷員，就不會有勇氣打電話給新客戶；一個害怕失敗的運動員，同樣也無法竭盡全力在運動場上贏得金牌；只有眞正的高手總是能夠放下這些心理包袱，盡全力做到最好。

生命是一種創造性的歷程，每個人都應該了解自己創造力的來源，激發自己的生命潛能，開創自己的美麗人生。

生活雞精

如果你真的相信自己，並且深信自己能達到夢想，你就能夠步入人生的坦途。

——戴爾·卡耐基

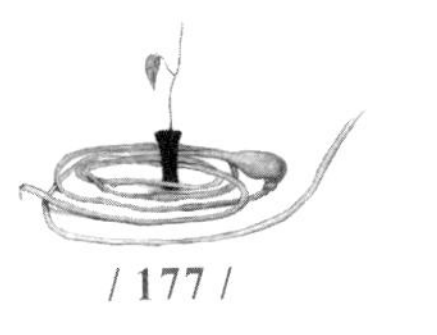

拆掉心中那座獨木橋

不積極樂觀，心理就會陷入搭著一座危橋的狀態；無法克服心理恐懼，就算走在再堅固牢靠的橋樑，你也會從橋上跌下去。

所謂的信念，就是根據自我暗示，在潛識中被宣佈或反覆指點所產生的一種精神狀態。

你還在煩惱什麼？樂觀積極一些，讓生活佔滿前進的忙碌，專心致志、全力以赴地工作，記住，你就沒有時間心煩。

一位心理學家想知道，人的心理對行爲到底有什麼樣的影響，於是他做了這樣一個實驗。首先，他讓十個人穿過一間黑暗的房子，在他的引導下，這十個人都成功地穿了過去。

然後，心理學家打開房內的一盞燈，在昏黃的燈光下，他們清楚看見房子內的一切，不禁嚇出了一身冷汗。

這間房子的地面是一個大水池，水池裡有十幾條大鱷魚，他們剛才穿過的，正是一座搭在水池上的獨木橋。

隨即，心理學家問這些人：「現在，你們之中還有誰願意再次走過這間房子呢？」

這時屋內陷入一片靜默，沒有人出聲回答，過了一會，才有三個人大膽的站了出來。

其中一個小心翼翼地走了過去，速度比第一次慢了許多；另一個顫抖著腳步踏上獨木橋，可是走到一半時，竟然趴在獨木橋上用爬的過去；第三個才走幾步就趴了下去，怎麼也不敢向前移動半步。

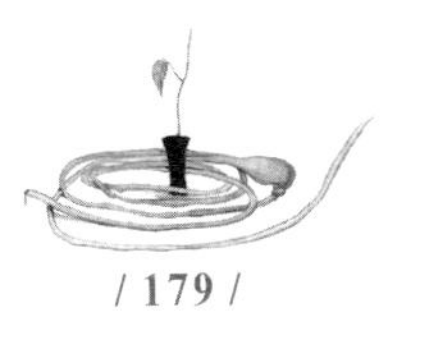

心理學家又打開房內的另外九盞燈，燈光把房間照得如同白晝一般明亮。這時，他們才看見獨木橋下，其實有著一張安全網，只是網線的顏色極淺，剛才根本沒有看見。

「現在，誰願意通過這座獨木橋呢？」心理學家問。

這次，有五個人站了出來。

「你們怎麼不過呢？」心理學家問剩下的兩個人。

兩個人異口同聲地問：「這張安全網牢固嗎？」

奧維德曾說：「沒有勇氣過好今天的人，明天會過得更糟。」

其實，那些成功人士之所以有非凡成就，關鍵並不在於他們先天擁有什麼能力，而在於他們都擁有面對問題的勇氣。

千萬要記住，只要有勇氣去面對，一切問題都會迎刃而解。

成功就像走過這座獨木橋，失敗的原因往往不是能力的問題，也不是潛力的薄弱，而是信心不足，還沒有上到戰場就敗陣下來。

不積極樂觀，心理就會陷入搭著一座危橋的狀態；無法克服心理恐懼，就算走在再堅固牢靠的橋樑，你也會從橋上跌下去。

生活雞精

我所得到的最好教訓，都是來自我的錯誤的失敗中；過去愚蠢的錯誤，便是將來的智慧與成功。

——艾德華茲

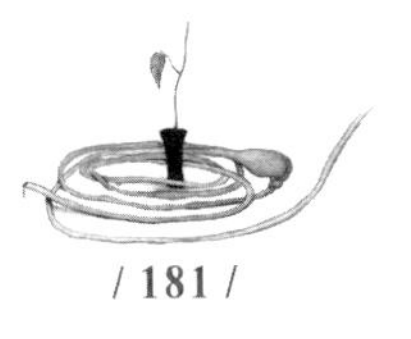

改變心情，坦然面對人生

法國文豪羅曼羅蘭在《約翰．克利斯朵夫》裡寫道：「痛苦這把犁刀一方面會割破你的心，一方面也會掘出了生命的新水源。」

《魯賓遜漂流記》作者笛福曾說：「我們今天所愛的，往往是我們明日所恨的；我們今天所追求的，通常是我們明日所逃避的；我們今天所願望的，往往是我們明天所害怕的，甚至是膽顫心驚的。」

的確，一個眞正懂得主宰自己生活的人，絕不會因爲一時的命運起伏而悲傷，反而會設法轉換自己的心境，努力活出生命的喜悅。

人在現實生活中遇到一時無法解決的困頓、挫折時，往往會受制於面子或自尊，強要自己咬緊牙關來承受這些困頓與挫折，可是結果卻常常造成身心都蒙受創傷。

其實，適時地放過自己，為自己轉換個調養身心的環境，避開某些不必要繼續面對的挫折，才是眞正的生活之道。

一八一六年三月，風光明媚的春天正要降臨英格蘭，但是，著名的桂冠詩人拜倫的生命卻在這時進入了嚴冬。

首先是由於個性不合，使得二十九歲的拜倫與結婚剛滿一年三個月的妻子宣告分居了。

他雖然深愛著妻子，這樁婚姻也被文壇傳為佳話，但是婚後，他與妻子兩人之間卻出現齟齬，而且爭吵卻越演越烈，不得不暫時分居來沉澱彼此的心境。分居之後，生性浪漫而又多愁善感的拜倫，飽受劇烈痛苦煎熬。心情的頹唐萎靡導致言行的放蕩不羈，使他招來許多批評與攻擊。

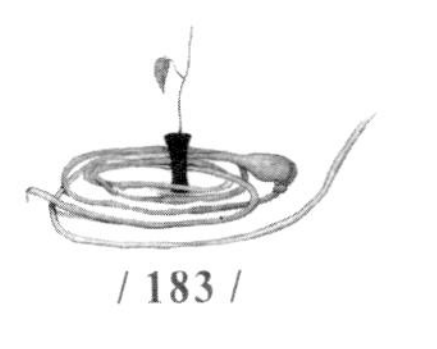

接踵而來的，他因爲在詩中譏諷資產階級的婚姻狀態，而遭到許多衛道人士群起圍剿；此外，由於他又寫了一首短詩讚美從厄爾馬島逃脫的拿破崙，而被有心人士貼上賣國賊的標籤。

這時的拜倫成了「全民公敵」，報紙和輿論對他齊聲譴責，他也經常在公開場合遭到侮辱謾罵，幾乎沒有朋友願意跟他說話，他的處境到了幾乎被整個英國社會唾棄的地步！

一八一六年四月底，受到重重打擊的拜倫選擇乘船前往義大利，黯然離開英國。然而，就在他幾乎要放棄自己的生命與創作的時候，他卻幸運地結識了另一個偉大的浪漫主義詩人雪萊。

經過雪萊不斷地鼓勵，拜倫開始振作，終於在一八一八年寫出了偉大的長篇諷刺史詩《唐璜》，成爲舉世聞名的大詩人。

法國文豪羅曼羅蘭在《約翰・克利斯朵夫》裡寫道：「痛苦這把犁刀一方面

會割破你的心，一方面也會掘出了生命的新水源。」

在人生遭遇挫折的時候，當然必須設法鼓舞勉勵自己，不過，在鼓舞勉勵完自己之後，應該靜下心來評估這些挫折會對自己造成何種程度的傷害，問問自己是不是可以承受和克服。

如果一時之間無法克服，不如選擇暫時迴避，因爲，勉強自己忍受過多而不必要的打擊，只會使自己產生喪失信心的反效果。

因此，在遇到無法解決的挫折時，設法轉換環境與改變心情，並不是缺乏勇氣的表現，而是開闢另一條通往成功道路的開始。

生活雞精

如果有夢出售，你願意買哪一種？有的夢值一聲輕喟，有的值一下喪鐘。

——詩人貝多斯

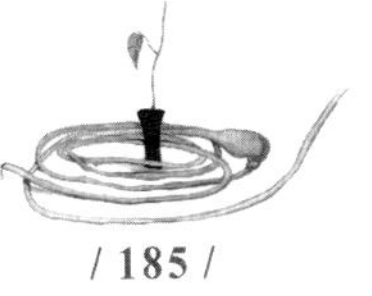

人腦比電腦還重要

著名的投資理財專家E．葛瑞斯曾說：「現代人總是在比賽如何快速汰換過時的機器，卻從來不願意設法更新自己的腦袋。」

著名的醫生作家麥斯威爾在《生命的慧劍》裡曾經寫道：「感謝你遭遇的那些挫折！感謝那些折磨你的人！只要你願意用正面的態度面對，那代表你的生命即將出現轉折。」

千萬別因爲外在條件的欠缺，而否定自身的能力和向上發展的可能。人最重要的，不是追求形式上的虛勞，而是擁有一顆解決困難的腦袋和腳踏實地的努力精神。

面對全球不景氣，每個人都想找一份穩定的工作，想到大公司任職的人更是擠破了頭。

網際網路剛興起之時，有一次，微軟公司刊登廣告徵求清潔工，失業了一年多的伊格爾也前去碰碰機會。經過層層口試、面試，以及打掃等實際考核之後，伊格爾好不容易才從數千名應徵者當中脫穎而出。人事部門在告知他這項消息時，請他留下 e-mail 信箱，以便傳送錄取通知和其他相關文件。

累得滿頭大汗的伊格爾頓時顯得尷尬地說：「可是……我沒有個人電腦，也沒有 e-mail。」

這個時代竟然還有人沒有 e-mail？人事部門的人聽了相當驚訝，語帶歉意地告訴他：「對微軟來說，沒有 e-mail 的人，就等於是不存在的人，所以很抱歉，我們無法錄用你。」

在考核過程中努力打掃的伊格爾，雖然感到相當失望，但也只能無奈地走出

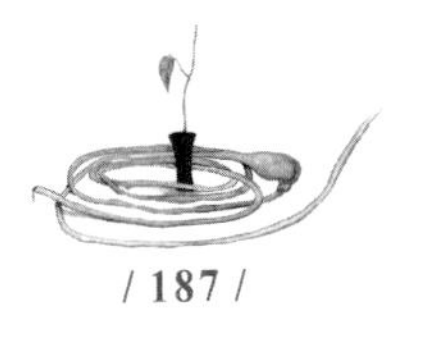

微軟公司。這時，他的口袋裡只剩下十美元，眼看過完今天，明天就要斷糧了，必須趕快想辦法克服生活的窘境。

但是，伊格爾只是個勞工，教育程度不高，在現實環境逼迫下，他只好採取最原始的賺錢方法。

他搭便車到了郊區，走進一戶農家，把身上僅有的十美元全部買了馬鈴薯，然後請好心的農場主人開車送他回到城裡，便開始在住家附近挨家挨戶兜售馬鈴薯。

兩天之後，辛苦的伊格爾終於賣光了所有的馬鈴薯，而且算一算，居然還賺了六十美元。

有了這次寶貴的成功經驗，伊格爾不禁信心大增，相信只要肯腳踏實地努力，就一定可以走出自己的道路。

於是，他更加認眞地繼續做著類似的生意，不但掙錢養活自己，而且也累積一筆資金。

努力會創造運氣，誠懇實在的作風使得伊格爾的生意越做越大，五年之後，他建立了龐大的「宅配服務公司」，不僅擁有數十部貨車，還聘請了幾十名員工，一起從事新鮮蔬果配送服務。

當然，這時候，爲了拓展業務和加強服務品質，他不但有e-mail，也架設了服務網站，以便收發來自各地的訂單和吸收最新資訊。

著名的投資理財專家E．葛瑞斯曾說：「現代人總是在比賽如何快速汰換過時的機器，卻從來不願意設法更新自己的腦袋。」

的確，很多人都誤以爲如果自己擁有了某些先進的工具，就代表著比別人更成功，能夠獲得更多的收入，因此汲汲於追求工具的更新，卻忽略了提昇自己的競爭力。

其實，這是本末倒置的錯誤想法。

因爲，工具本身不會思考，只會按照你的指令執行任務，最重要的作用只是在於協助自己增進工作效率，它無法使人變得更聰明，如果你一點都不想增進自

己的智慧的話。

就像故事中的伊格爾，如果當初他擁有e-mail的話，或許可以僥倖地獲得一份工作，但是，如果不設法自我提昇，恐怕到現在還會是微軟公司的清潔工，絕不可能開創出自己的一番事業。

生活雞精

蠢人的最大特徵是，他們常常相信，只要讓兩隻恐龍交配，同樣能夠生出一隻小羚羊。而且，這種蠢人在企業界特別多。

——管理學家湯姆．彼得斯

失敗，是怠惰的後果

大多數人失敗的原因，是連自己的能力在哪裡都不知道，而且往往低估了自己的價值。

曾經叱吒風雲的拿破崙曾說：「我們應當努力奮鬥，有所作為。這樣，我們就可以說，我們沒有虛度年華，並有可能在時間的沙灘上留下我們走過的足跡。」

人生中一切甜美的果實，都是從不斷的犧牲奮鬥中得的，種種困惱、折磨都可以砥礪我們的心志，種種危險、困難都可以鍛鍊我們的勇氣。

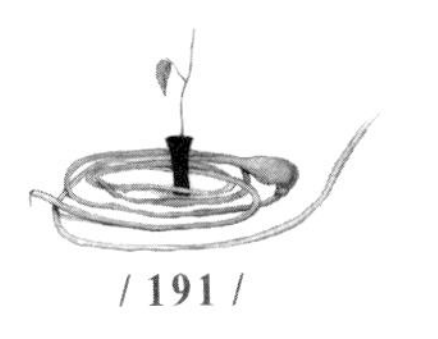

耐迪·考麥奈西是第一個在奧林匹克體操比賽中獲得滿分的運動員，他說：「我常對自己說：我一定能做得更好。要成爲奧林匹克的冠軍選手，你就得有不凡的地方，要比別人更吃得了苦。我不要過著普通而平庸的生活，所以，我給了自己確立的生活準則是：不要只想過簡單容易的生活，而是要追求做一個堅強有實力的人。」

無論在什麼領域，眞正的冠軍都明白，不論有多麼充分的藉口，任何失敗都是自己怠惰的後果。

「當一個人覺得不滿意、不舒服和受折磨的時候，他才會得到最好的磨練，」另一位金牌手彼特·維德瑪這樣說：「每天，我都會把準備在體育館裡完成的項目列出清單，不管要花多少時間，沒有把這些項目完成，我絕對不會離開。我每天的生活目標就是這樣，只要走出體育館，我都可以說今天已經盡力了。」

每個人的能力能發揮到多少分，誰也無法給你正確答案。

有多少。

一個人的能力有多少，絕不只你習慣發揮的那些，而是你盡力發揮了多少就

大多數人失敗的原因，是連自己的能力在哪裡都不知道，而且往往低估了自己的價值。

生活雞精

要有堅強的意志、卓越的能力，以及堅持要達到的恆心，此外都是細節。

——歌德

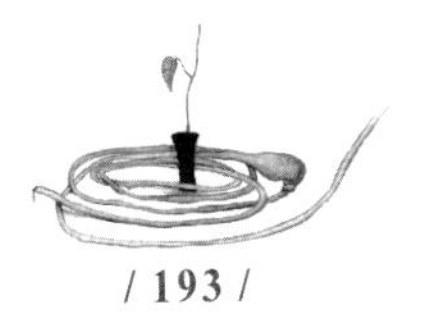

在行動中激發自己的能力

習慣安於現狀，老是逃避困難而沒有危機感的人，一輩子只能在雞群中奔跑，無法像老鷹一樣展翅高飛！

能力是從行動中激發出來的，就算一個人的能力再好，也要經過訓練才會展現出來。

你還在觀望什麼？快跨大步伐去實踐自己的理想，說不定你就是下一個創造奇蹟的天才。

有個小男孩不小心把一顆老鷹蛋帶到父親的養雞場，和雞蛋混在一起讓母雞來孵化。

母雞成功孵化後，小鷹與小雞們和平地生活在一起，並不覺得自己有什麼不同於小雞的地方。

可是，當小鷹長大後，卻發現小雞們總是用異樣的眼神看牠。

牠這才開始懷疑：「我一定有什麼不同於小雞的地方。」只是牠一直無法證明這個懷疑。

直到有一天，一隻老鷹從養雞場的上空飛過，小鷹看見老鷹自由自在地舒展著翅膀，頓時感覺自己的兩翼也有著一股奇妙的力量，心中激動了起來。牠望著高空翱翔的老鷹，心中無比羨慕。

牠心裡不斷地想：「要是我也能像牠一樣該多好，那我就可以脫離這個偏僻狹小的地方，飛上天空，從山頂上俯瞰大地。可是，我要如何才能像老鷹一樣飛翔呢？我從來沒有張開過翅膀，沒有飛行的經驗，如果從半空中墜下，該怎麼辦？」

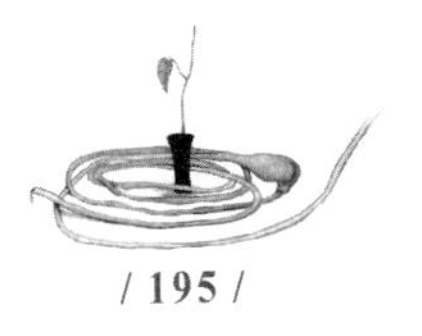

小鷹的內心猶豫、徘徊、衝動，經過一段激烈的掙扎後，終於決定冒險試試，於是牠展翅高飛，發現自己竟然能在天空自在地飛翔，便振翅往更高的地方飛去。

小鷹成功了，更看見了世界的遼闊與美妙！

小鷹的成功，幾乎可以代表每一個冒險家成功的歷程。

當你不滿足當下平淡的生活，開始厭惡現在的生存方式，期望享受新的樂趣，盼望嘗試更富有創造性的理想生活時，請看看小鷹的成功，從中你可以得到啓示。

任何開創性的生活和希望，就潛伏在最平常的生活之中，想發現它，你就得具備探險的勇氣。

每個人都具備著像老鷹一樣突破生活格局的潛能，只是因爲置身於「養雞場」，自以爲是不會飛的小雞而被忽略了。當你有了冒險意識，勇於探索和實踐，你的潛能才能發揮出來。

所謂的才華和能力，只有在一道道難關克服的過程中才會展現出來。習慣安於現狀，老是逃避困難而沒有危機感的人，一輩子只能在雞群中奔跑，無法像老鷹一樣展翅高飛！

生活雞精

發現你的存在是生命的開始，於是，每一時刻都是一個新的發展，每一時刻都帶來新的歡樂。

——奧修

充滿希望就能挖出生命的寶藏

日本作家池田大作指出：「請隨時保持希望的人生，一旦失掉希望便會通向失敗之路。希望是人生的力量，只要在心裡抱著美夢的人，一定是幸福的。」

每年過生日的時候，在吹蠟燭前，你都許了什麼願望？過著幸福快樂的日子，還是有個成功的未來？不管你許了什麼願，都是你對往後日子的期許和希望。只要你知道自己想要的是什麼，知道心裡堅持的目標在哪裡，你就可以主宰自己的人生。

亞歷山大大帝建造了橫跨歐、亞、非的龐大帝國，促進了不同種族之間的文化融合，開闢了一個豐饒世界。

據說，他投入了全部青春活力，出發遠征波斯之際，曾將自己所有的財產分給了他的屬下。

征伐波斯的路途漫長，他必須耗費巨資買進各種軍需品和糧食等，但是他卻把所有珍愛的財物和土地，全都分配給了屬下。

有一個臣子問了亞歷山大大帝：「陛下要帶什麼啓程呢？」

亞歷山大回答說：「我只有一個財寶，那就是『希望』。」

這位臣子聽後，請求說：「那麼，請允許我們也來分享它吧！」

於是，他謝絕了亞歷山大大帝分配給他的財產，許多大臣見狀也紛紛仿效他的做法。

日本作家池田大作曾經勉勵世人：「請隨時保持希望的人生，一旦失掉希望

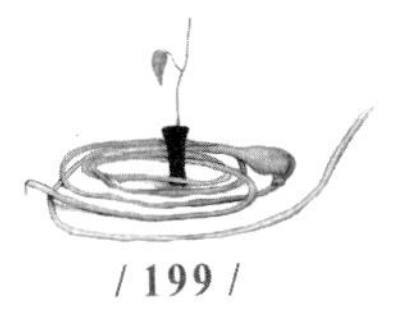

便會通向失敗之路。希望是人生的力量，只要在心裡抱著美夢的人，一定是幸福的。」

自然萬物中，只有人類被賦予「抱擁希望生活」的特權。正因爲如此，我們更應該用自己的力量，面向未來的希望之光，創造自己的美麗人生。

一路辛苦的人生旅途，最重要的不是財產，也不是地位，而是存在我們心底的意念，也就是「希望」。

一個不計較得失，只爲了希望而生活的人，肯定會生出無比的勇氣，困難越多，他的生命越能發光。懷抱希望的人，信心強烈，任何失敗對他們而言，都是另一種獲得勝利的方程式。

生活雞精

生命本身是一張空白的畫布，無論你在上面怎麼畫；你可以將痛苦畫上去，也可以將完美的幸福畫上去。

——奧修

只要有決心，一定來得及

俄國文豪高爾基曾在《時鐘》一書中勉勵世人說：
「讓整個一生都在追求中度過吧，
如此一來，你在這一生裡，
必定會擁有許許多多美好的時光。」

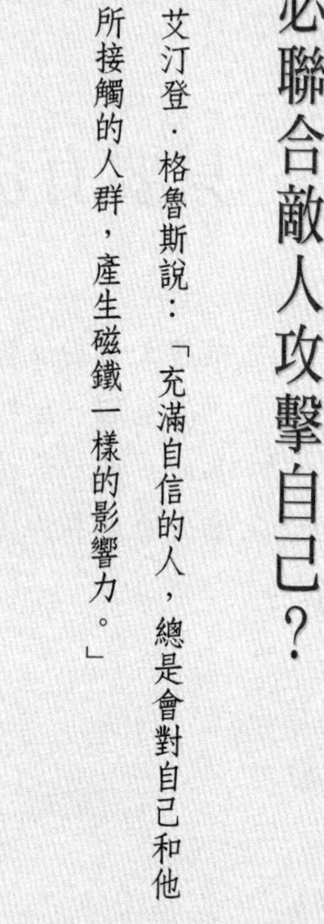

何必聯合敵人攻擊自己？

艾汀登．格魯斯說：「充滿自信的人，總是會對自己和他所接觸的人群，產生磁鐵一樣的影響力。」

人的精神煎熬往往來自於缺乏自信心。

在缺乏自信的狀態下，一旦知道自己的競爭對手是赫赫有名的明星級人士時，更會無端產生緊張畏懼的心理，認為自己只不過是別人獲得掌聲的陪襯，根本毫無勝算可言。

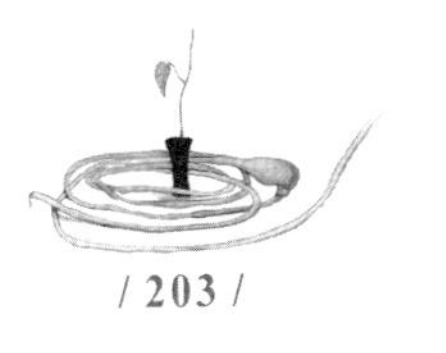

著名的巴西球王比利縱橫球場的精采表現，至今仍在許多足球迷腦海留下深刻印象，但是，他在回憶自己的足球生涯時卻透露，年輕時候的他雖然擁有不錯的球技，卻嚴重缺乏信心。

比利說，當他得知自己被巴西最有名氣的桑托斯足球隊選上，進入職業球壇的美夢成眞時，興奮之餘竟然焦慮得好幾個晚上無法成眠。

夜晚的時候，他總是躺在床上輾轉反側，胡思亂想著自己在球場上可能遭遇的挫敗情景：「我上場之後，那些著名的足球明星們一定會嘲弄我，故意找機會給我難堪，萬一全場的觀衆對我發出噓聲，我哪有臉回來見家人和朋友？」想著想著，他開始恐懼：「那些足球明星爲了要更加突顯自己，一定會使出絕妙的球技，把我當作戲弄的對象，我一定會被當成白癡，被他們耍得團團轉……」

懷著緊張恐懼的心情到桑托斯足球隊報到後，濃厚的自卑感依舊讓比利患得患失，陷入負面的想像無法自拔，認爲自己絕對無法和那些自己敬佩的足球明星同台較量。

經過幾次練習之後，比利才稍微寬心地以爲，像他這樣的新進球員，在正式比賽中，肯定會坐冷板凳。

誰知道球賽正式開始時，教練竟然將他排入先發球員名單，而且讓他踢主力中鋒。比利誇張地形容：「聽到這個消息，我嚇得差點全身癱瘓。」

比賽開始之後，比利仍舊緊張得全身不聽使喚，在接球、盤球和傳球時發生了幾次失誤。

但是過了幾分鐘，他開始習慣比賽節奏和場邊的吶喊聲，邁開雙腿飛速奔跑起來，漸漸發揮了自己的實力。在比賽快要結束時，他終於使出一記「倒掛金鉤」，為球隊攻下致勝的一分，滿場響起如雷的掌聲。

艾汀登．格魯斯說：「充滿自信的人，總是會對自己和他所接觸的人群，產生像磁鐵一樣神奇的影響力。」

就像比利一樣，大多數人之所以會產生緊張和自卑心理，癥結在於不相信自己的能力，不相信自己可以做得比別人好，滿腦子想著自己必定會遭遇失敗，失

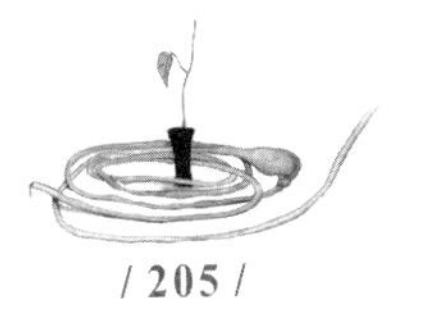

敗之後別人會如何幸災樂禍。這種負面心理正如同聯合敵人攻擊自己，怎麼能奢望僥倖獲得成功呢？

自卑的心理會壓抑一個人的天賦和自由自在的創造力，只有保持泰然自若的心態，相信自己，才能發揮超強的實力戰勝對手。

千萬要記住：如果你不輕視自己的話，那麼，就沒有人敢輕視你。

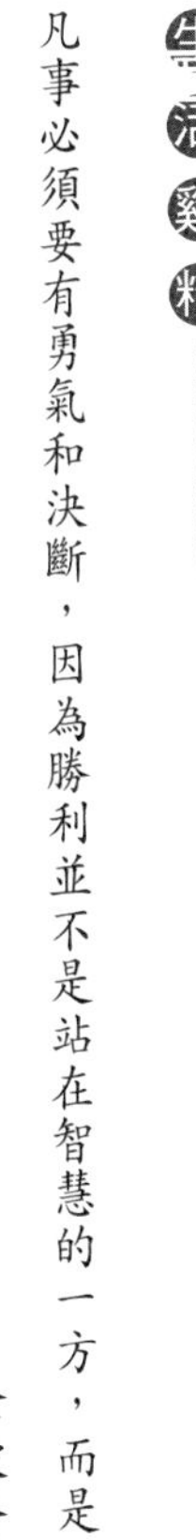

生活雞精

凡事必須要有勇氣和決斷，因為勝利並不是站在智慧的一方，而是站在自信的一方。

——拿破崙

多用心理力量鼓勵自己

法國哲學家沙特在《存在主義與人道主義》中說：「只有當人成為他所打算成為的東西之時，他才是真正存在著。」

據說，人終其一生所使用的大腦面積最多不會超過三分之二。這表示人類的內在蘊藏著無限的可能，可惜的是，人很容易忽略或不相信自己的能力，因此無緣去使用其餘的三分之一。

如果自己的內心老是貶低自己，總是想像著最壞的情形會發生在自己身上，而不願積極開發自己的潛能，那麼結果不但會跟你自己想像的一樣壞，甚至還可能更糟。

古時候，有個國王生性非常殘忍，每當要處決死刑犯時，總要絞盡腦汁想一些新的花招來滿足自己的嗜血癖好。

有一次，一個死刑犯即將被處死，這個國王又想出了一個殘酷的方法，並且故意透露行刑的方式是在死刑犯手臂上割一大道傷口，然後讓他全身的血液流盡而死。這個犯人聽到消息之後內心十分恐懼，可是，不管他如何聲淚俱下地苦苦哀求，國王還是不願改變行刑的方式。

第二天清晨，死刑犯胡亂吃完最後的早餐，便被帶到一個精心設計的房間。房間有一面牆上，牆上鑿了個小洞，剛好可以容納一條手臂穿過。

劊子手把死刑犯銬鎖在牆上，讓他的一隻手從小洞中穿過，然後走到牆的另一邊，用刀子在他的手臂上割了一刀，並且在下面放了一個瓦罐來盛裝血液。

死刑犯聽到自己的血液「滴嗒」、「滴嗒」地滴到瓦罐中，開始臉色蒼白，覺得似乎全身的血都經由那條手臂流出，而且越來越快速地流失。

沒過多久，死刑犯的意志逐漸消失，最後終於無力地垂下手臂死了。此時，一直在一旁冷眼旁觀的國王，不禁發出既得意而又殘酷的笑聲……。

國王爲何這麼得意地笑呢？

原來，這個犯人手上根本就沒有傷口，劊子手只不過用刀背假裝在他手上用力劃了一刀，然後在旁邊的桌子上放了一個水瓶，讓水瓶中的水發出「滴嗒」、「滴嗒」的聲音。

但是，這種強烈的心理暗示，卻讓犯人自己殺死了自己。

法國哲學家沙特在《存在主義與人道主義》中說：「只有當人成為他所打算成為的東西之時，他才是真正存在著。」

故事中的國王固然殘酷，但是，死刑犯之所以會死於非命，難道不是由於自己不斷在內心灌輸負面的想像嗎？

我們常常透過媒體報導，知道許許多多曾經遭遇困境但最後終於獲得成功的

人士。

這些人的共通特質都是「相信自己」；因爲相信自己做的到，所以不管經歷過多少次失敗打擊仍然毫不退縮，這正是心理力量的積極展現。

因此，只要善用自己的心理力量來鼓勵自己，那麼無論遇到任何困難，都無法打敗你。可千萬別像故事中的死刑犯，因爲恐懼而活活把自己嚇死。

人並不是生來要給人打敗的，你儘可以把他消滅，可是就是打不敗他。

——海明威《老人與海》

只要有決心，一定來得及

俄國文豪高爾基曾在《時鐘》一書中勉勵世人說：「讓整個一生都在追求中度過吧，如此一來，你在這一生裡，必定會擁有許許多多美好的時光。」

莎士比亞曾在《亨利四世》裡提醒我們：「即使生命隨著時鐘的指針飛馳，過了一個小時就要宣告結束，要卑賤地消磨這段時間也嫌太長。」

的確，只要你願意下定決心，願意劍及履及，無論做什麼事都還來得及。

在現今這個生活節奏迅速飛快的時代，我們常常覺得整天忙碌不堪，沒有時間來完成自己內心想要做的事，因而逼迫自己放棄種種念頭。

但是，世界上有很多人卻憑著決心和毅力，像衛爾佛列．柯亨一樣，每天騰

出一個鐘頭來彌補自己的缺憾。

衛爾佛列．柯亨是世界知名的大製衣商。他從學徒開始做起，辛苦奮鬥了四十年後，建立了龐大的製衣王國，但是，他一直覺得自己的生命還有缺憾，因爲他有一個願望一直無法達成。

衛爾佛列．柯亨小時候的願望是當個畫家，不過，因爲家境貧窮無法走上畫家之路，事業有成之後又因爲商務繁忙，無暇培養這項興趣。爲此，他感到相當遺憾。

到了六十歲生日那天，他終於下定決心每天要花一個鐘頭學習繪畫，並且強制自己不管怎樣忙碌也要撥出時間來。

他每天清晨五點起床，一直繪畫到早餐時間爲止。

這樣從不間斷的努力，幾年之後，衛爾佛列．柯亨有了驚人的成績，繪畫作品獲得藝術評論家的好評。

他參加過不少次的畫展，得過幾個獎項，也舉辦過個人畫展，並且以高價賣出好幾幅作品。

後來，他更成立一個基金會，專門獎勵有志從事繪畫的窮苦青年。

人生是快樂的或是充滿遺憾的，關鍵就在於看待生活的態度，只要學會積極、正面地對待生活，就可以妥善運用時間，讓自己的人生發光發熱。

假如你每天挪出一個小時從事自己最感興趣的事，那麼，一年就有三百六十五個小時是眞實屬於自己的。

當然，這不是一件容易的事，必須下定決心才行；訣竅就在於如何找到那一個鐘頭，然後再加以妥善運用。

年輕時遭受許多磨難的俄國大文豪高爾基，曾經在《時鐘》一書中勉勵世人說：「讓整個一生都在追求中度過吧，如此一來，你在這一生裡，必定會擁有許許多多美好的時光。」

只要你每天抽出一小時去做自己想做、平常又沒時間做的事，最後一定會有所斬獲，縱使成就不是那麼多，至少有機會彌補自己的缺憾。

你不會比那些成功人士還忙，千萬不要再用抽不出時間來當藉口，讓你尚未完成的願望最後成爲一生的抱憾。

千萬要記住，只要有決心，一切還來得及。

生活雞精

一個崇高的目標，只要矢志不渝地追求，最後就會成為壯舉；在它純潔的目光裡，一切美德必將獲勝。

——英國詩人華滋華斯

制定短期目標，才能完成長期目標

美國激勵大師戴爾．卡耐基曾說：「一個目標達到之後，馬上立下另一個目標，這就是成功的人生模式。」

作家雨果曾說：「人生至高無上的幸福，莫過於確信自己還有希望。」的確，當你面對生活中的困頓、逆境和絕望，如果還想改變，深信自己還有向上攀爬的希望，那麼，這些困頓、逆境和絕望便是一股動力。有了動力，你還必須確立奮鬥的目標。目標確立與否，對一個人能不能成功，扮演著十分重要的作用。

但是，一個偉大目標的達成，往往需要經過一段相當漫長的時間，不是一蹴

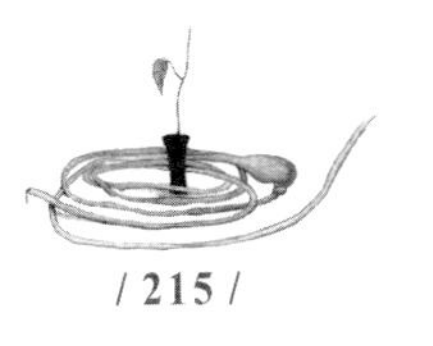

可幾的。

因此，在通往長遠目標的過程中，如果能加以拆解，分別制定出一些短期目標，不但對於達成最後的目標有所幫助，也能使自己不至於因爲漫長時間的煎熬而逐漸留失了熱情。

某一年的夏天，有一個衣衫襤褸的年輕人，常常落寞地站在車水馬龍的紐約街頭，毫無目的地張望著眼前不斷流晃的景物。

然而，熙來攘往的人潮、車潮和繁華的街景，絲毫無法引起他的興致，因爲他由於和上司吵架被報社開除，到其他報社求職又四處碰壁，失業將近半年了，生活正陷入窘境。

不過，心性高傲的他不願屈就，打從心裡就抗拒從事那些卑微的工作來改善目前的處境。

這一天上午，這個年輕人又爲了逃避房東催繳房租的苛薄言語，漫無目標的

在街上遊蕩。

就在中午時分，突然有一個衣冠楚楚的人叫住了他，他連忙轉頭一看，原來是自己當記者時認識的一位著名企業家。

年輕人感到相當驚訝，沒想到這個企業家竟然還記得自己。

企業家一眼就看出這個年輕人的生活近況不佳，於是邀請他一起步行到華爾街自己的公司聊聊。

在炎炎夏日的中午，步行到相隔六十個街口的華爾街，無疑是件相當吃力的事。這個年輕人聽了甚感驚訝，心中不禁懷疑這個有錢有勢的企業家爲什麼不搭計程車。

企業家看著他吃驚的表情，並不多加解釋，只是笑著對他說：「其實，我們只要經過五個街口，就可以走到六號街的遊藝場。」

這個年輕人聳聳肩聽從了企業家的建議，於是兩人很快就走到了六號街。企業家隨即又對年輕人說，這次要只要再經過十個街口，就可以到達某某地方，於是兩人又向前走去，一下子就又到了目的地。

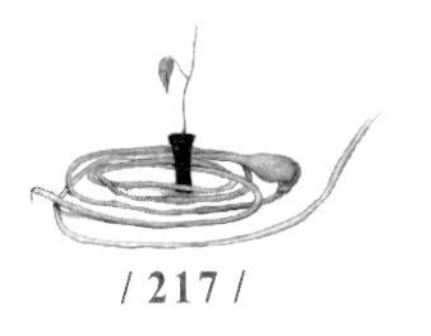

就這樣，企業家帶著年輕人一段路一段路不停地走，不知不覺中竟然走過了六十個街口，抵達了華爾街。

這時，這個年輕人終於領悟了企業家的一番苦心，於是鼓起勇氣說：「我想到您的公司任職，希望您給我一次機會，我願意從最基層的職務做起，認眞學習每一項事務。」

十年之後，這個年輕人終於成了華爾街知名的企業家。

美國激勵大師戴爾．卡耐基曾說：「一個目標達到之後，馬上立下另一個目標，這就是成功的人生模式。」

不論多麼遙遠的距離，只要經過一段一段的劃分，也不過是一小段一小段路程的總和而已。

所謂「聚沙成塔，聚水成川」，不就說明了所有的成功都是由無數的小目標組成的嗎？

任何的成功人士都具備這種體認，所以他們才能一步一步的持續往前邁進，最終走到自己的目的地。

當你的生活陷入困頓，或是工作進行不順暢，內心充滿無力感的時候，不妨換個做法，暫時將你的大目標加以細分，如此一來你就會發現，想要達成自己的目標，其實並沒有想像中沒那麼困難。

跨出腳步之時，不要低著頭，只有那些牢牢盯著目標的人，才會找到自己的正確道路。

——哈瑪瑟爾德

活著，不是為了痛苦

蘇聯作家杜金說：「一切要來的都在未來，一切已逝的都在過去。未來不在命運之中，而在我們自己手中。」

「天下無難事，只怕有心人」，這是連小學生都能朗朗上口的一句話，可是說歸說，眞正能把這句話奉爲圭臬加以貫徹的人卻不多。

也許你會認爲，這句老掉牙的成語根本不適用於現實社會；殊不知，能夠源遠流長的話語，正是以前成功者的智慧結晶和經驗法則，也是現代渴望成功的人最有用的座右銘。

尼加拉瓜有個殘障藝人名叫湯尼，他的奮鬥過程正是「天下無難事，只怕有

心人」的最佳寫照。

湯尼一出生就沒有雙臂，醫師因此想辦法爲他裝了兩隻人工手臂。可是，在成長過程中，湯尼一直覺得裝假手臂很麻煩，而且使用並不方便，因此後來就捨棄不用了。

湯尼無可避免地經常遭受到其他人的異樣眼光，但是他生性樂觀，並不因此而自怨自艾，反而更加積極地想著：「我一定要向那些嘲笑我的人證明，我雖然欠缺兩隻手，但也可以活得像正常人一樣。別人用手能夠做的事，我用腳同樣可以做！」

經過漫長的自我訓練與堅毅不撓的努力，湯尼十幾歲的時候，終於學會了用雙腳彈奏吉他。最後，他不但可以用腳做任何事情，甚至還會用雙腳駕駛經過特別改造的汽車，到各地巡迴演出。

湯尼回憶說，他剛開始試著想用腳彈奏吉他的時候，遭到了許多人譏笑與諷

刺。不久之後，在一個熱心的朋友幫助下，他慢慢學會用右腳的腳趾夾著撥塊來撥弦，再用左腳的腳趾壓住琴弦。經過不斷的練習，湯尼的吉他彈得相當好，而且和其他同好組成了一支樂隊。

後來，湯尼和他的樂隊經常到各地的教堂和學校巡迴演出，他相當驕傲地說：「我要透過自己現身說法，讓年輕人知道，只要相信自己，天底下就沒有無法做到的事。」

蘇聯作家杜金說：「一切要來的都在未來，一切已逝的都在過去。未來不在命運之中，而在我們自己手中。」

湯尼的奮鬥過程，無疑充滿了激勵與啓示，告訴我們：儘管生活充滿折磨，但人活著並不是爲了爲了承受失望和痛苦，只要肯立定志向，肯相信自己，任何事情最後都可以完成。

許許多多殘障人士的成功典範，不但告訴我們決心與毅力是成功的不二法門，也說明了「相信自己」的重要。

遇到挫折時，不妨想想湯尼和其他努力超脫生命束縛的殘障人士，你就會發覺自己面前的挫折，原來是那麼的微不足道。

生活雞精

遭遇困難和痛苦的時候，切莫垂頭喪氣，就算你已經失去了一切，至少你還擁有現在與未來。

——卡繆《反抗的人》

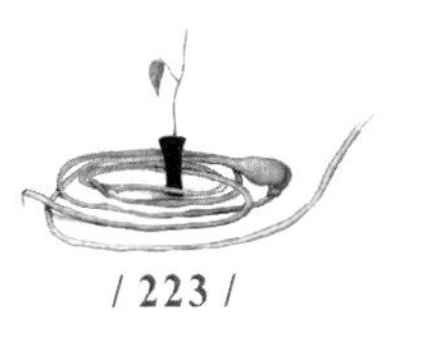

三心兩意必然一事無成

幽默作家蕭伯納曾說：「人生真正的成功與歡樂，是致力於一個自己認為是偉大的目標。」

激勵作家富勒曾經寫道：「自己如果不做自己的敵人，世界上就沒有敵人。」

確實如此，很多人失敗，並不是別人從中作梗，而是輸給自己的浮誇不實、心猿意馬。

想要成功，必須先學會確立目標，全神貫注瞄準目標。

擁有明確的人生目標，才會激發出前進的動力。目標會給一個人帶來希望和熱情，而這兩種感覺都在通往成功的路上扮演著重要的角色。

所以，訂立明確的目標不但是邁向成功的第一步，往往也是左右成敗的重要關鍵。

有一個獵戶爲了提早讓三個兒子熟悉狩獵生活，某天便帶著他們來到草原，從練習獵捕野兔開始。

到達目的地之後，父親開始鉅細靡遺地教導他們打獵過程應該注意什麼事項。等到講解完畢，三個兒子摩拳擦掌即將進行狩獵前，父親又向他們提出了一個問題：「你們向前看，然後告訴我，你們看到了什麼。」

大兒子只向前看了一下，便信心滿滿地回答說：「我看到了爸爸、大弟、小弟、野兔，以及一片大草原。」

父親聽了不說話，只是搖搖頭。

二兒子仔細看了一會，回答說：「我看到了一望無際的草原，我手上的獵槍，以及正在草原上奔跑的野兔。」

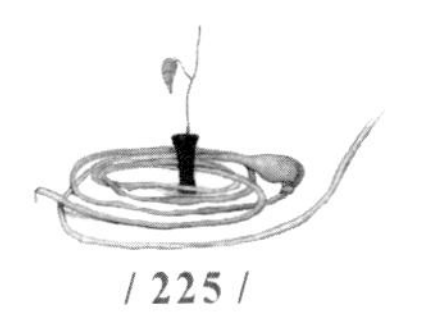

父親聽完，還是搖搖頭。

又過了一會兒，三兒子才轉頭回答說：「我眼裡只看到野兔。」

父親聽了，這才露出微笑說：「你答對了！」隨即告訴另外兩個兒子說：「想要打獵，就要全神貫注，眼中只能有獵物存在。」

幽默作家蕭伯納曾說：「人生真正的成功與歡樂，是致力於一個自己認為是偉大的目標。」

故事中的父親為什麼要告誡兒子「打獵時必須全神貫注，眼中只能有獵物存在」？

這是因為，過多的目標會分散自己的注意力，讓自己不能夠專一，容易受到眼前雜物的影響而三心兩意，不專心的結果必然一事無成。

因此，當你開始執行某項計劃之時，就要清楚地決定自己無論如何都想完成的目標，一旦下了決定，就必須努力貫徹自己的意志，這是才是邁向成功的不二法門。

不管做什麼事都一樣，想要有所成就，就必須摒除擾亂自己意志的雜念，專心一意地朝自己設定的目標前進。

生活雞精

人生最寶貴的東西是什麼？自己認準的路，不管誰說什麼，都要挺起胸膛走到底。

——池田大作《青春寄語》

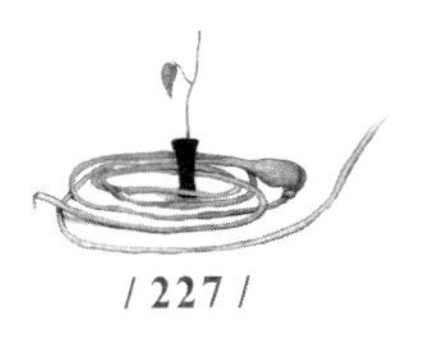

承擔風險，是肯定自我的表現

丹麥作家勃藍斯說：「想發現新大陸的人可能遇上暗礁而擱淺，但是，如果他選擇避開暗礁，就永遠無法發現新大陸。」

英國詩人布雷克曾說：「光會想像而不行動的人，只是生產思想垃圾。成功是一把梯子，雙手插在口袋裡的人是爬不上去的。」

大家都知道掌握機會的重要性，但是，並不是每個人在機會來臨之時都有膽量及能力好好加以把握。

從許多事例中，我們不難得知，成功的人之所以會成功，除了平時不斷累積努力成果之外，也必須具備承擔風險的勇氣。

三洋電機的創辦人井植薰是個深具冒險犯難精神的企業家，事業有成之後，僱用一名園藝師替他整理家中庭院。

某個夏天早上，這位園藝師見到井植薰在庭院散步，不禁向他抱怨說：「社長先生，您的事業就像院中的花草樹木欣欣向榮，可是，我活了將近五十歲，至今仍然像依附在樹上的蟬一般餐風飲露，實在太沒出息了。您能不能告訴我一些創業的訣竅呢？」

井植薰點點頭說：「好吧，我看你對園藝方面的事務相當專精，恰好我工廠旁邊有塊兩萬多坪的空地正荒置著，不如我們合作種些樹來賺錢！一棵樹苗要多少錢？」

園藝師回答：「四十元。」

井植薰又問道：「如果以一坪種兩棵來計算，扣除道路的面積，兩萬坪地大約可以種二十五萬棵，樹苗的成本剛好一千萬元。三年後，一棵樹可以賣多少錢？」

園藝師計算了一下，回答：「大約三百元。」

井植薰計算了一下，認眞地說：「那麼，樹苗成本與肥料費全部由我來支付，你就專門負責澆水、除草和施肥方面的工作。如此一來，三年之後，我們的利潤就至少有六千萬，到時候我們一人分一半。」

沒想到園藝師聽到這個天文數字卻手腳發軟，連忙搖頭說：「哇！這麼大的生意我實在沒膽量做，不如就算了吧。」

丹麥作家勃藍斯說：「想發現新大陸的人可能遇上暗礁而擱淺，但是，如果他選擇避開暗礁，就永遠無法發現新大陸。」

故事中的園藝師，即使在自己最擅長的領域中還是沒有勇氣更上一層樓，這種不敢勇於做夢的行徑，不但顯示他沒有承擔風險的勇氣，更表現出對自己能力的不信任。

承擔風險，其實是一種肯定自己能力的表現，因爲只有具備足夠的能力，在面對風險時才得以從容的解決。

平順的道路不能讓你成長，只會讓你安於現狀，而一個安於現狀的人，最後通常一事無成。

不想動或不敢動的人，自然不會有什麼成就，最終只能眼睜睜看著別人成功致富，自己則停在原地踏步。

財經作家麥克．史坦哈特曾經寫道：「如果想要投資致富，有時候需要具備孤注一擲的氣魄與膽識。」

其實，即使是最保守的投資行爲，還是隱藏著不可預知的風險，所有的商業行爲，基本上都是博弈行爲，但是，有錢人會看到風險後面的龐大商機，至於沒錢人，卻只會看到商機前面的巨大風險。

生活雞精

太膽小是怯懦的表現，太大膽是魯莽的行為，至於勇敢則是適得其中。

——塞萬提斯《唐吉訶德》

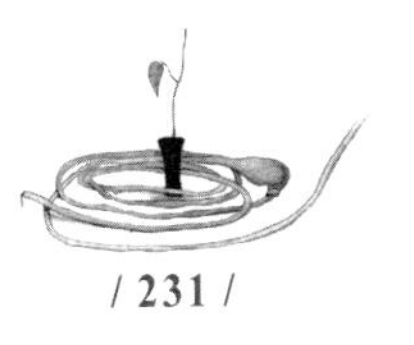

相信自己，寬容別人

美國詩人卡洛斯·威廉斯曾說：「愛所具有的力量不就是寬恕嗎？換言之，由於它的調停，已經發生的事得以挽回。倘非如此，它還有何益處？」

對自己充滿信心當然是一件好事，可是，過度自信容易變成自我膨脹，往往會蒙蔽自己的判斷能力，繼而影響行爲模式。

當一個人過於自信，認爲自己的所作所爲都是正確、錯誤都在別人的時候，結果不但傷害了別人，連自己也會受傷害。

古希臘著名的哲學家蘇格拉底是西方哲學鼻祖，在四十歲那年娶十九歲的贊佩西爲妻。

蘇格拉底深受希臘人敬仰，年輕的贊佩西則聰明漂亮，結婚之時曾被視爲天作之合，遺憾的是，兩人的婚姻生活並不美滿。蘇格拉底寄情於哲學思想，引發了兩人種種嫌隙，致使原本性情開朗的贊佩西逐漸變得暴躁易怒。

贊佩西性格丕變，最後成爲史上有名的「惡妻」，原因在於她覺得蘇格拉底婚前對她充滿欣賞與讚揚，但是婚後卻老是以自我爲中心。

贊佩西無法從兩人關係的轉變中尋獲心理上的需求與慰藉，因此動不動就對蘇格拉底大發雷霆，以此來宣洩她的滿腹不滿。久而久之，兩人失去了昔日的恩愛親密，贊佩西的種種惡行自然使她被冠上「惡妻」的名號。

最後，夫妻之間「相敬如兵」的相處模式，竟然讓蘇格拉底留下一句名言：「如果你娶到一位好妻子，那麼你將得到終身的幸福；如果你娶到一位惡妻子，那麼你就會成爲一個哲學家。」

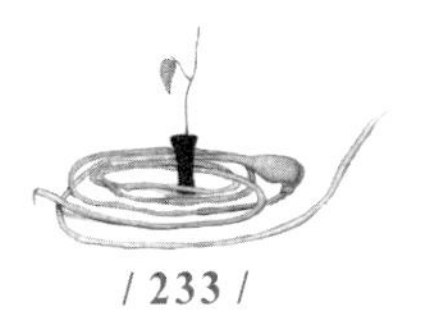

美國詩人卡洛斯．威廉斯曾說：「愛所具有的力量不就是寬恕嗎？換言之，由於它的調停，已經發生的事得以挽回。倘非如此，它還有何益處？」

自信是成功的必要條件，可是過度的自信卻會漠視別人的感受，成爲人生路上的絆腳石。正如蘇格拉底的例子，他其實娶到了一個聰明又能幹的妻子，可惜他不能像婚前一樣欣賞妻子的優點，忽略了夫妻相處之道，結果造成妻子不快樂，自己也不幸福的下場。

由此可知，眞正的自信不是只肯定自己的表現就夠了，還必須懂得寬容別人。勇於坦承自己的不足，並且學習如何欣賞別人的優點，才是一種自信的積極展現。

生活雞精

婚姻是魔鬼、烈火、天堂和地獄。快樂和痛苦，悲傷和後悔都居住在那裡。

——巴恩費爾德

PART 7

你可以把「劣勢」變成「優勢」

只要你意志堅定、充滿信心，
盡力了，用心付出了，
劣勢也可以成為你挑戰成功時的優勢。

別讓別人決定你的一生

如果不想抱怨，凡事就要由自己決定，把生活的主控權回歸自己手中，不要依賴別人，讓自己決定自己的人生吧！

激勵大師安東尼．羅賓在演講時，經常告訴台下的聽衆說：「其實，我們可以為自己做選擇，勇敢地為自己做決定，不要讓別人承擔你的成敗，更不要讓任何人決定你的一生。」

你是否曾經因爲別人替你做了決定，而嘮嘮叨叨埋怨過對方？

也許你錯怪了他，因爲，今天的結果全部是你的決定，是你自己決定讓別人爲你做的決定。

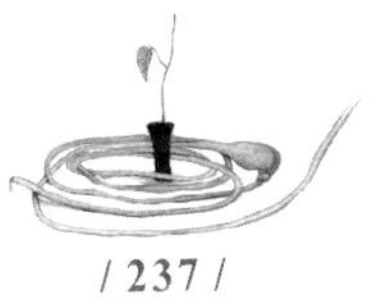

安東尼·羅賓講過這樣的一段經歷和感受。

有一次搭乘飛機時，安東尼·羅賓的旁邊坐了一個非常喜歡抱怨的人，他調侃說，如果奧林匹克有「抱怨」這項競賽的話，身旁的這個人一定能夠拿到一面獎牌。

當空中小姐前來詢問乘客晚餐要吃雞肉還是牛肉時，安東尼·羅賓要了「雞肉」，而他旁邊的旅客則表示「隨便」。

不久，空姐端來了安東尼·羅賓的雞肉，並給了他旁邊的人一份牛肉。

接下來的二十分鐘，安東尼·羅賓只聽到旁邊的人不斷地抱怨他的牛肉有多難吃，但是安東尼·羅賓指出，他卻忘了，這頓難吃的晚餐，其實是他自己決定的。

這位旅客的心裡認爲，這是空姐幫他挑選的晚餐，但實際上，卻是他自己把選擇權交給了別人。

不知道你有沒有這樣的經驗：自己決定不了的事，請別人做決定之後，你卻又後悔聽從別人提供的意見，或是抱怨別人爲你下的決定？

想一想，現在你選擇的科系或工作，是由你自己決定的嗎？如果是，那你一定走得很開心，若不是，相信你一定抱怨很久了吧？

如果你是由別人幫你做的選擇，那麼就算生活再不愉快，你都必須勇於承受，因爲這一切都是你自己選擇的。

如果不想抱怨，凡事就要由自己決定，把生活的主控權回歸自己手中，不要依賴別人，也不要一味別人怎麼說，你就怎麼做，讓自己決定自己的人生吧！如此一來，生活中，你將不會再聽見抱怨和後悔！

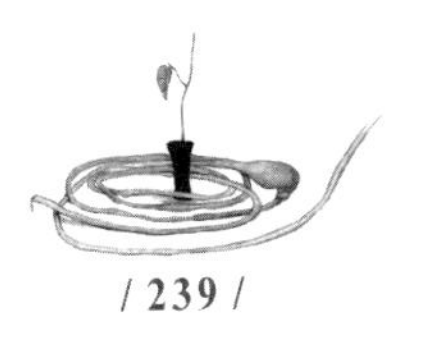

你可以把「劣勢」變成「優勢」

只要你意志堅定、充滿信心，盡力了，用心付出了，劣勢也可以成為你挑戰成功時的優勢。

一個人的成就永遠跟他身處劣勢時，所展現的自信成正比。

一個人之所以能夠成功，並不在於身處順境展現多少能力，而是在於聽到不好的訊息，感到徬徨迷惑之時，能否換個角度看世界，告訴自己一定要充滿信心，然後用自信扭轉自己所處的逆境。

很多時候，你所認的劣勢或缺點，都只是你沒有信心的藉口，就算你擁有最好的競爭條件，如果缺乏自信，也會變成了阻礙前進的劣勢。

以前，許多人喜歡看ＮＢＡ的夏洛特黃蜂隊打球，更喜歡看明星球員伯格士上場奮力演出。

伯格士的身高並不高，在東方人的標準裡也算矮小，更不用說在身高兩百公分都嫌矮的ＮＢＡ了。

但伯格士相當不簡單，可是ＮＢＡ表現最傑出、失誤最少的後衛之一，不僅控球一流、遠投精準，甚至穿梭在高個兒隊員中，帶球上籃也毫無所懼。每次看到伯格士像一隻小黃蜂般滿場飛奔，許多人都會忍不住地驚呼。因爲，他不只安慰了所有身材矮小而酷愛籃球的人的心靈，也鼓舞了許多人的意志。

伯格士是個天生的籃球好手嗎？當然不是，他是靠著自己的意志與苦練，一步步累積出來的結果。

伯格士從小就長得特別矮小，但他非常熱愛籃球，幾乎天天都和同伴們在籃球場上玩。

從小，他就夢想有一天可以打NBA，能成爲全國皆知的明星球員，是所有愛打籃球的青少年的夢想。

每次伯格士告訴他的同伴：「我長大後要去打NBA。」所有聽到的人都會忍不住地哈哈大笑，甚至有人相當不以爲然，因爲他們「認定」一個一百六十多公分的矮子，是絕不可能進入NBA的。

但是，他們的嘲笑並沒有阻斷伯格士的志向，他用更多的時間練球，終於成爲全能的籃球運動員，也成爲最佳的控球後衛。

他運用了自己個子矮小的「優勢」，行動靈活迅速，幾乎沒有失誤，而且正因爲個子小，反而抄球更容易得手。

伯格士毫不在乎別人的嘲笑，並且巧妙地把自己的「劣勢」轉換成「優勢」，創造了球場上的另一個奇蹟！

其實，沒有眞正的條件不好，也沒有所謂的環境很差，成功與失敗眞正的差別，只在於你有沒有信心，有沒有努力前進的活力和動力。

只要做好心理建設，自然就可以將劣勢變成優勢，如此一來，就沒有所謂的優劣之分，唯一的不同，只是你實現夢想時的堅定與否。只要你意志堅定、充滿信心，盡力了，用心付出了，劣勢也可以成為你挑戰成功時的優勢。

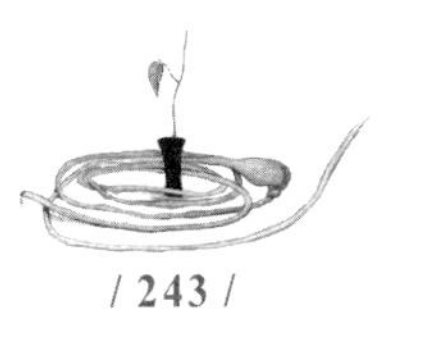

用自己聲音說你想說的話

俄國作家契訶夫說：「世上有大狗，也有小狗，小狗不該因為大狗的存在而心慌，所有的狗都應當會叫，就讓牠們用自己的聲音叫吧！」

人生的成功，雖然包含了表面上的功成名就，但並不代表你得做出舉世無雙的事業，才能算得上成功。

如果總是擔心自己比不上別人，只想功成名就，那麼世界上就不會有獨樹一格的成功者了。

真正成功的人生，不在於成就的大小，而在於你是否努力地實現自我，能喊出自己聲音的人，才能走出屬於自己的路。

有一位名叫渥奇的中年人，對現代社會的各種問題都有自己的見解，但是每當自己的觀點受到嘲諷時，便十分沮喪。

爲了讓別人都能贊同自己的每一句話，他費了不少心思。

有一次，他和岳父聊到了安樂死的議題時，突然察覺到岳父不滿地皺起眉頭，於是他本能地見風轉舵，修正了觀點，說：「我的意思是，一個神智清醒的人如果要求結束他的生命，可以用這種方法。」

渥奇偷偷注意到岳父的表情略表同意，這才鬆了一口氣。

當他和上司也談到這個話題時，卻遭到了強烈的斥責：「你怎麼能這樣想呢？這不是對上帝的褻瀆嗎？」

渥奇一聽，便馬上改變了立場，說道：「我剛才的意思是，在極爲特殊的情況下，罹患絕症的病人在經過確認後，在法律上已經死亡，才可以截斷他的氧氣

管。」

渥奇的上司這才點頭同意他的看法。

為了能得到人們的歡心，渥奇總是不斷地改變立場，他只是在別人的反應下生活，他自己的思想和立場，統統受到別人左右，而他也只是生活在別人的價值觀念裡而已。

貝多芬在學小提琴時，技術並不高明，但他寧可拉自己創作的曲子，也不肯做技巧上的改善，他的老師說他絕不是個當作曲家的料。

發表《進化論》的達爾文當年決定放棄行醫時，曾遭到父親的斥責：「你放著正經事不幹，整天只管打獵，這樣有什麼出息呢？」

達爾文也曾在自傳上透露：「小時候，所有的老師和長輩都認為我資質平庸，我與聰明是沾不上邊的。」

愛因斯坦四歲才會說話，七歲才會認字，老師給他的評語是：「反應遲鈍，不合群，滿腦袋不切實際的幻想。」於是，遭到退學的命運。

《戰爭與和平》的作者托爾斯泰，在就讀大學時，曾因成績太差而被勒令退學，老師認爲他：「既沒讀書的頭腦，又缺乏學習的興趣。」

如果他們沒有勇氣走自己想走的路，全被別人的評論左右，又怎能獲得如此的成就？

俄國作家契訶夫說：「世上有大狗，也有小狗，小狗不該因為大狗的存在而心慌，所有的狗都應當會叫，就讓牠們用自己的聲音叫吧！」

充實有益的生活，本質並不在於惡性競爭，也不是爲了處心積慮搶奪第一，它只是爲了追求自我發展和幸福的生活而已。所以，別太在乎別人的眼光，勇敢的走出自己的路吧！

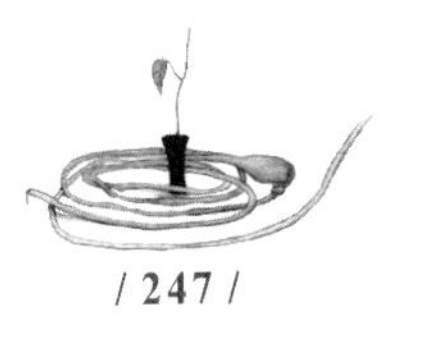

大膽取捨必有所得

想要得到最完美的結果，必須能夠大膽取捨，如果無法適當取捨，任何一方都意圖全面兼顧，捨不得放手，那麼便有可能失去更多。

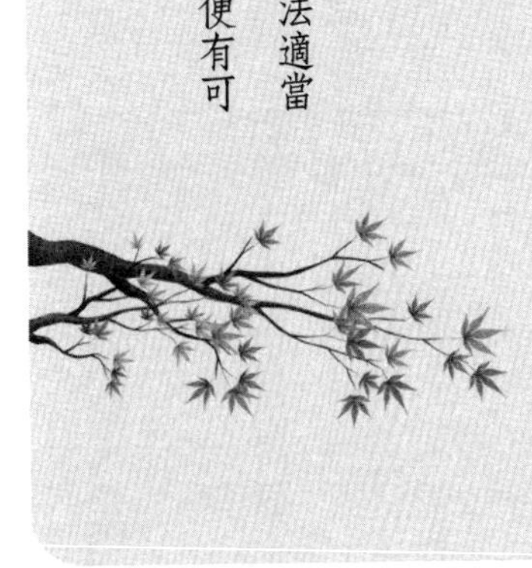

曾有一位導演在作品得獎後說出這樣的感言：當初他拍完那部電影時，其實非常煩惱，因為每一幕都很經典，但是如果全部採用，不但電影時間過長，也會失去味道，所以必須有所取捨。

由於每一個鏡頭都是他心血的結晶，沒辦法做出最正確的剪接，於是就將片子交給一位非常有經驗、涵養和敏感度的剪接師。在這位剪接師的幫助之下，剪出了最合適的片段，也完成一部動人的作品。

一部好的電影作品，除了要有好的導演、劇本、演員、工作人員外，還有一個很重要的角色──剪接師。

好的剪接師對一部作品要有某種特殊的領會，能明瞭再怎麼得來不易的鏡頭，若是會拖累整部作品的節奏，也該捨得放下。

懂得取捨，無疑是成功的要素之一。

托爾斯泰在創作小說《復活》的過程中，費盡了心血。光是對女主角卡丘莎．瑪絲洛娃形象的描寫便修改二十次！

第一次：「她是一個削瘦，有著一頭黑髮的醜陋女人，她之所以醜陋，是因爲那個塌陷的鼻子。」

第二次：「她的一頭黑髮梳成一條光滑的大辮子。有一對不大，但是黑得異乎尋常的發亮眼睛。頰上的紅暈是因爲她身上烙了一個純潔無辜的印記。」

到了第三次修改的時候，他把醜陋的詞句刪掉，改爲：「個子高高的，帶著

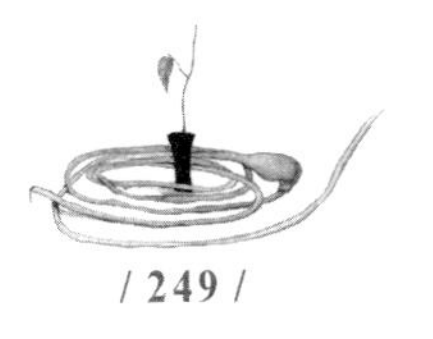

病態的神色。」

第四次：「矮矮的個子，與其說她是胖的，不如說她是瘦的。」

第五次：「她的臉還算美，如果臉上……」

第六次又換了一種寫法。

就這樣，從頭到尾共改了二十次，才是我們現在所看到的形象：「一位個兒小小的年輕女人，套著一件灰色的大衣。她頭上紮著頭巾，卻故意讓一兩綹頭髮從頭巾裡面溜出來，披在額頭。她的面色顯現出長久受到監禁的那種蒼白，叫人聯想到地窖儲藏的蕃薯所發的芽。兩隻眼睛又黑又亮，雖然浮腫，卻仍舊發光，其中有一隻眼睛稍稍有點斜視。」

有一天，保加利亞著名詩人特奧多爾・特拉亞諾夫收到一位詩歌愛好者寫來的信，信中向他請教關於寫詩的訣竅。

特拉亞諾夫看完立即回了一封信：「假使雌鳥一次生了三顆蛋，牠會丟掉其中一顆，只孵另外兩顆。等到雛鳥出世後，雌鳥又只哺餵其中一隻，捨棄另一隻。只要學習雌鳥的精神，就不怕寫不出好詩來！」

一件作品的完成，過程該是既艱辛又嚴謹的，就如特奧多爾．特拉亞諾夫的寫詩方法，捨棄部分的蛋，將所有心血成就出最完美的生命。而托爾斯泰最後定型的卡丘莎．瑪絲洛娃，就是唯一留下的蛋。

有些很有創意、能力不錯的人，卻不一定會有好的成績，因爲他們的點子太多，無法取決出最適合的那一個。取捨，也是一種做事的技巧。有些人讓自己陷入繁瑣的事情中，每一件事都想做好，到頭來卻沒有一件能做好。

做事要有輕重緩急之分，有捨便會有得，懂得捨掉部分的心血，反而能換來更大的成果。爲人處世也是同樣的道理，隨著年齡的增長、環境的改變，我們也要學會「取捨」，在工作、家庭、朋友之間做好重心的分配。

想要得到最完美的結果，必須能夠大膽取捨，如果無法適當取捨，任何一方都意圖全面兼顧，捨不得放手，那麼便有可能失去更多。這之間的拿捏，端看個人如何選擇。

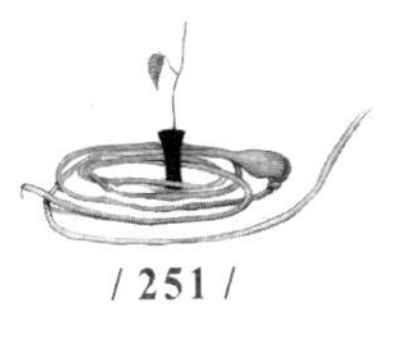

勇於面對缺點，才有進步的空間

想要得到別人的認同，就先要有顆真誠的心，願意承認自己的缺失，並加以改進。

人最可怕的缺點就是太愛自己，終其一生只知孤芳自賞，沉醉於自己的世界裡，最後縱容自己。

如此一來，永遠不會想改變自己，也就無法向前邁進。

小時候，我們的口中總是掛著：「老師說……，老師說……」，老師怎麼說，我們就怎麼做。

然而，隨著年紀增長，誠實面對自己與承認錯誤的能力慢慢減弱。或許是因爲不想讓人小看，也或許是成長的同時過度地自我膨脹。

將自己限制於自我的小空間中，人格就會停止成長、無法成熟。想要進步，必須要學會反省與接受自己的缺點。

知名的劇作家、文藝評論家兼熱心的社會主義者蕭伯納，曾在一家文學雜誌社當小說編輯。他的工作十分繁重，每天不但要審稿、改稿、拼版、畫樣，還要處理一堆雜事，完全沒有空閒的時候。

有一次，他向當時一位小有名氣的年輕作家邀稿，不久之後，收到了稿件。吃過午飯後，蕭伯納坐在沙發上閱讀那位年輕作家的稿子，愈看愈感覺這部作品矯揉造作，內容不僅離奇古怪，還充斥著無意義的凶殺、情色描寫。

他看著這篇索然無味的劣作，就在沙發上睡著了。一覺醒來，他發現手中還拿著稿子，便馬上裝進信封，並附上一紙措辭客氣但語氣冷冰冰的退稿箋：「作者先生，您的大作並不適用，現奉還予你，請多包涵！」

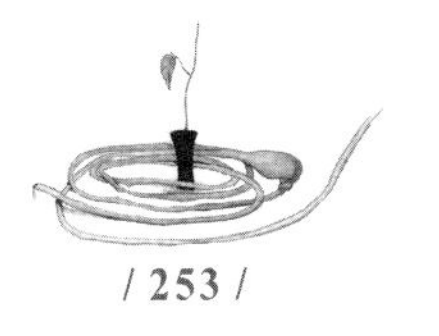

青年作家收到退稿信後，氣急敗壞地到雜誌社找蕭伯納當面質問：「蕭伯納先生，我個人認爲，您是有意捉弄我，因此退回了我撰寫的稿子。」

「你爲何如此判斷呢？」蕭伯納一本正經地問。

「很簡單。我的妻子讀完我剛完成的小說，竟然悵然若失地讓稿紙從手中飄落，連聲說道：『寫得這樣好，這是眞的嗎？』這足以證明，我的小說寫得相當成功，完全可以用。您卻將稿子給退了，這種做法很不負責任！也足以證明您的評鑑眼光有待商榷。」

蕭伯納溫和地說：「可尊可敬的先生，請你先別激動，你是個有名氣的作者，也許你的話是對的。不過，我想請問一句，如果用餐時，盤子中放著一顆看似美味的雞蛋，但在你品嚐一口後，發現雞蛋已經變質了，而且臭不可聞，你還會勉強自己吃下去嗎？還是會送給朋友，硬叫他們吃下去呢？同樣的道理，你的作品乏味且庸俗不堪，是生硬編造的東西，這就等於在兜售臭雞蛋，既毀滅自己又貽誤讀者！」

要面對自我的缺失是一件困難的事，尤其對一個處處要求完美的人而言更是痛苦不堪。然而，人不可能十全十美，不管年紀有多大，學識如何豐富，都會有不瞭解的領域。

如果無法接受自己的缺點，選擇視而不見，慢慢地就會眞的以爲這些缺點不存在，以爲自己很完美，這樣將失去求知與進步的機會。這種鴕鳥心態，不僅耽誤了自己，還連累了別人，是非常要不得的事。

除了要能看到自己的缺點之外，更要虛心求教。不管是上司、長輩、同儕，甚至是晚輩，每個人身上都有値得學習的地方。

想要得到別人的認同，就先要有顆眞誠的心，願意承認自己的缺失，並加以改進，只有這樣才能讓別人包容你的缺點，協助你成長。

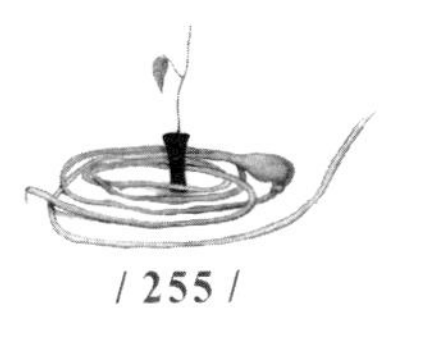

天才只是比蠢才多專心一分鐘而已

機會可能就在你身邊。答案也許就在你身畔，只要你能凝聚注意力，做任何事都能再專心一點，那麼就沒有什麼事情不會成功了。

所謂天才與蠢才的最大區隔，只是兩者在面對事物之時，專心的程度有所不同而已！

天才會爲了一件事耗盡大半輩子，只求知道如何讓機器飛上天，而蠢才則是對什麼事情都只有三分鐘熱度，答案就算在身邊，也視而不見，一旦失敗了，便認定不可能實現！

布朗先生一直潛心研究有關橋樑的結構問題，他要在住家附近的特威德河上建一座橋，他一直構思，如何才能設計一座造價低廉的大橋。

有一天早上，晨露未乾，布朗先生獨自在花園中散步，忽然看見一張蜘蛛網橫在路上，他突然靈感一來，想到鐵索和鐵繩不正可以像蜘蛛網一樣，連成一座大橋嗎？

於是，他發明了舉世聞名的懸索大橋。

而詹姆斯．沃特先生，則是思考如何在克萊地鋪設地下輸水管。由於這地區河流縱橫，河床錯綜複雜，他想了好久都沒能想出理想的解決方案。

有一天，他偶爾看到桌上有一隻龍蝦的殼，這個看似無用的龍蝦殼竟讓他得到了啓發。於是，他設計了一種類似龍蝦形狀的鐵管，果然解決了所有難題。

伊茲貝勒．布爾則是因爲觀察船上的一隻小蛀蛆，才有了托馬斯隧道的設計靈感。

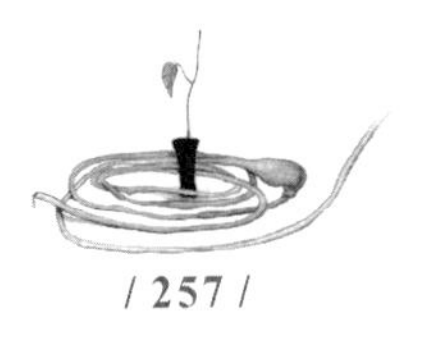

他發現這個小東西，從頭部開始，會先朝一個方向鑽孔，然後再往另一個方向鑽一個孔，鑽出了一個拱道後，就完成了第一道程序；再來的第二步，則是在洞孔的頂端和兩邊，塗上一層有點黏滑的東西。

布爾看著小蛀蛆的行動，想了很久，也同樣得到了啓發。他把小蛀蛆的行爲過程及操作模式，仔細地加以研究，終於讓他設計出掩護支架，完成了托馬斯隧道的偉大工程。

所謂的天才，不過是比你我更加專注而已，他們願意把心思放在某個事物上，直到找到方向和解答爲止。

他們也比你我更全心全意地追求自己設定的人生目標，更能承受過程中的折磨，直到達到目的才肯罷休！

只要多留意，機會可能就在你身邊。

答案也許就在你身畔，只要你能凝聚注意力，做任何事都能再專心一點，那

麼就沒有什麼事情不會成功了。

何必擔心自己沒有機會？其實，令人羨慕的天才，也只是在他們的字典裡，找不到「心有旁騖」罷了！

每個人都有許多偶遇的機會，只要你願意，只要你用心，就不會錯過生活裡的每一次機會。

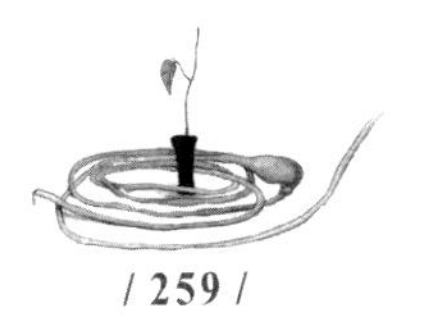

不要害怕問「為什麼」

因為好奇，才會對任何事物產生興趣，因為敢發問，才能有更進步、更突破性的未來！

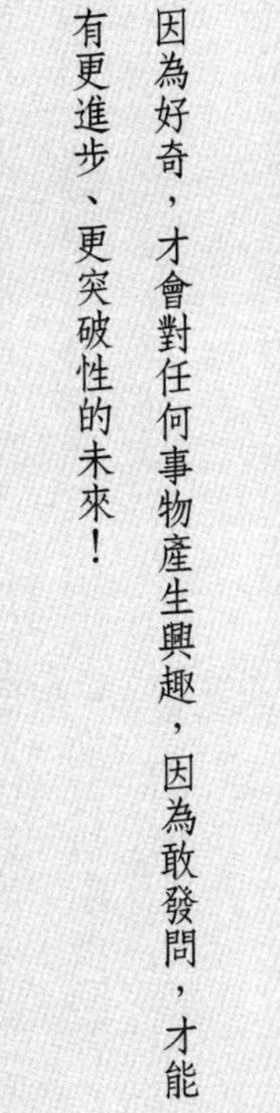

你有多久沒有發問了？對於自己不理解的事物，不願追根究底，是因爲面子問題，還是怕找不到答案？

人生本來就是由無限個問號構成的，就算得從小朋友的身上找答案，你也要勇於放下身段，開口問：「爲什麼？」

大發明家愛迪生從小到老，從來都沒有停止問過「爲什麼」，雖然想問的問題，並不一定能全部找到答案，但是他仍然鍥而不捨，努力研究出許多解答。有次在路上，他遇見了一位朋友，看見他的指關節都腫了。

「爲什麼會腫？」愛迪生不禁問道。

「我還不曉得確實的原因。」

「爲什麼你不曉得？醫生曉得嗎？」

「每個醫生說的都不同，不過多半的醫生都認爲是痛風症。」

「什麼是痛風症呢？」

「他們說，這是因爲尿酸積在關節裡的緣故。」

「既然如此，他們爲什麼不從你的關節中取出尿酸來呢？」

「因爲，他們不曉得怎麼取出來。」朋友無奈地回答。

這個回答並不能讓愛迪生滿意，生氣地問道：「爲什麼他們會不曉得怎麼取出呢？」

「因爲尿酸是不能溶解的。」

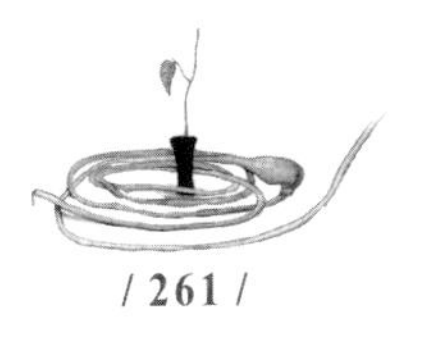

「我才不相信呢！」這位世界聞名的科學家回答著。

這天，愛迪生回到實驗室之後，立刻開始著手試驗，研究尿酸到底能不能溶解。他把試管一列列排好，每個管內灌入四分之一的不同化學液體，並在每種液體中放入數顆尿酸結晶，兩天後他發現，其中有兩種液體中的尿酸結晶已經溶化了。於是，這位發明家又有了新發現，讓深受尿酸之苦的病人得到了解救。

不一定非要有答案才發問，重要的是，你有沒有保持一顆鍥而不捨、努力學習的心。

對自己不懂的事物感到好奇，並且敢於發問，我們的生活才會充滿活力與動力。因爲好奇，才會對任何事物產生興趣，因爲敢發問，才能有更進步、更突破性的未來！

所以，愛迪生語重心長地告訴我們說：「不要害怕發問，因為那是你最重要的財產。」

別讓退縮變成你的懊悔

人生的過程中，難免會有挫折與失望，雖然單憑勇氣並不能保證成功，但只要盡了力，就會比坐以待斃的人來得有意義。

有位熱愛登山的朋友說過，登山者偶爾會使自己陷入不能後退的情況，如此一來，他就只能繼續向上攀爬，因為沒有別的出路了，有時候反而會攀爬得更加起勁。

膽小地躲避眼前的困難，不如勇敢地面對挑戰，只要盡力實踐，你的能力肯定會比你想像中的還要強。

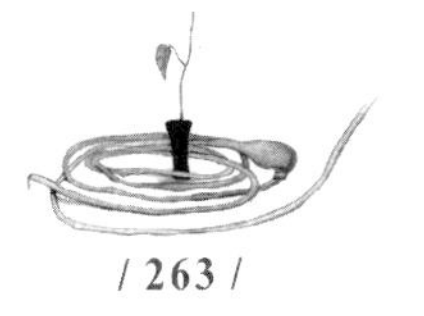

作家亞瑟．戈登談起自己的經歷時說，有一次，他對一個朋友說：「如果我可以肯定自己可以順利做好的話，我會非常願意去實踐。」

朋友看了他一會兒，便在一張紙上寫了十個字，這也是他一生中得到的最好忠告：「大膽些，強大的力量會幫助你的。」

亞瑟．戈登接著說，這句話讓他清楚地看到，過去許多不能成功的事，並不是因爲盡了力而失敗，而是自己害怕失敗，反而阻礙了努力前進的動力。

聽到這句話之後，每當他陷入困境時，就會給自己勇氣，告訴自己：「一定要擺脫被動的情緒，只要竭盡全力，我都能扭轉一切。」

亞瑟．戈登也提醒我們，不管面對哪一種情況，都要盡力而爲，除非眞的無法勝任，否則都不能給自己任何藉口後退，並且，要懂得多運用自身的競爭本能，切實地完成每一件你要完成的任務。

成功學大師戴爾．卡耐基說過一句名言：「當命運交給我們一個檸檬的時候，試著去做一杯檸檬水。」

生命中的逆境處處可見，我們唯一能做的，就是充滿信心面對。要是受到患得患失的心情影響而選擇爲縮退卻，最後就只能無奈地受命運的宰割。

人生的過程中，難免會有挫折與失望，雖然單憑勇氣並不能保證成功，但只要盡了力，就會比坐以待斃的人來得有意義。

所謂大膽，並不是鼓勵你什麼都不在乎，或是逞一時的匹夫之勇，而是只要你先確認自己盡力了，做到了極限才放手，如此一來，你才不會爲自己的退縮感到懊悔。

錯誤就是成功的開始

用正確的態度去面對，
並找出犯錯的原因和問題所在，
如此才能避免重蹈覆轍，
讓每一個錯誤都成為你成功的保證。

增強你的信念，奇蹟就會出現

堅強你的信念，靠著你那獨一無二的意志力，在你身上就一定會有「起死回生」的奇蹟發生。

莎士比亞曾經這麼說過：「一個人的心靈如果受到鼓舞，即使器官已經萎縮，也會從沉沉的麻痺中振作起來，重新開始活動，像蛻了皮的蛇獲得新生的力量一樣。」

生命的熱情，來自積極的能量；你覺得生活充滿無奈和無力嗎？快點用智慧拯救自己的人生吧！

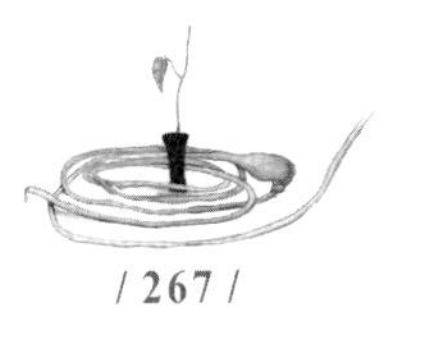

有一天，美國運動健將拉爾夫忽然心臟病發，一直處於昏迷的狀態，院方安排了兩位護士在他身旁看守。

昏暗的病房裡，兩位女護士正忙碌地測量拉爾夫的脈搏跳動，此時的拉爾夫已經昏迷六個小時了，仍然尚未脫離險境。

但是，醫生認爲他已盡了一切努力，能做的、該做的都已經做了，便離開了這個病房，到其他病房去了。

此時的拉爾夫雖然不能動彈，無法有任何動作或表示，但是，他的意識卻是清醒的，他告訴自己要保持積極，一定要保持清醒。

忽然，他聽到一位護士激動、慌張地說：「他停止呼吸了！妳能摸到脈搏的跳動嗎？」

另一位答：「沒有。」

接著，他又聽到另一位說道：「妳摸到脈搏跳動了嗎？」

「沒有。」另一位搖頭說。

「我必須告訴她們，我還活著。」拉爾夫不斷地暗示自己：「但是，我要如何讓她們知道呢？」

這時候，他想起了一句經常自我激勵的話：「如果你相信你能做到，你就能完成它。」他企圖要睜開眼睛，可是努力了許久，眼睛卻依然不聽指揮，不過，他一點也不放棄，終於，他聽護士說：「我看見一隻眼睛在動了！」

「他仍然活著！」另一位護士也驚呼。

拉爾夫不斷地進行自我暗示和自我激勵，雖然他努力了很久，也非常辛苦，但是，終於讓他睜開了眼睛，起死回生。

每個人的人生，就像四季循環一樣，事實上是充滿變化的。重點在於，當暴風雪的季節到來，你抱持著什麼心態渡過生命的冬天。如果你能夠瞭解生命就是實踐自己價值的過程，那麼你便會對生命充滿信念，不致時常因爲各式各樣的折

磨而沮喪。

對於生命的信念，需要的正是執著而堅強的意志力，那是人類區別於萬物的寶貴財富。

拉爾夫的故事，在現實環境中時常發生，同時也是多數人驚喜的奇蹟，但是，這些奇蹟的發生，不是因爲所謂的天顯神威，而是個人意志力的堅持，潛意識裡無限潛能的爆發。

生命的過程中，我們會遇上各種險境或困境，請記得，堅強你的信念，靠著你那獨一無二的意志力，在你身上就一定會有「起死回生」的奇蹟發生。

錯誤就是成功的開始

用正確的態度去面對，並找出犯錯的原因和問題所在，如此才能避免重蹈覆轍，讓每一個錯誤都成為你成功的保證。

英國詩人雪萊曾經說過：「春天雖然來得晚，但它一定會來！」

獲得成功的主客觀因素很多，但是，堅持毅力、繼續努力下去，卻是其中最困難的要件；只要不輕言放棄希望，勇敢改進犯過的錯誤，你終究可以爲自己找到成功的道路！

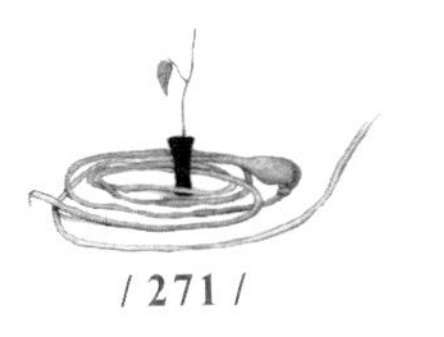

迪克九歲的時候就已經開始工作了，他和父親一起趕著兩頭瞎了眼的騾子，在北卡羅萊納州的各地販賣貨物。

年輕的迪克拉著騾子，徒步走著，嘴裡則是嚼著煙草屑末，以他這樣的情況，有誰料得到，這個窮孩子會在幾年之後創立美國煙草公司，執全美煙草界的牛耳？

有一天，迪克遇見一個賣煙捲的老朋友，彼此寒暄了一番，並說著自己的近況，這時那位朋友卻說：「我和太太兩個人，只開了兩家店就累到不行了，你居然開了二千家店，那眞是天大的錯誤啊，迪克。」

「錯誤？」迪克不以爲然地回答：「是嗎？雖然我經常犯錯，但做錯了就把問題找出來，然後再加倍地努力去做，只要不懈怠下來，我就能從中不斷地學習改進，得到更多的成就。」

迪克不怕犯錯、永不退縮的態度，以及採行零售聯營的經營方式，使得他每週都有一千萬美元的收入，最後更讓他有機會以一億元美金，創立了一所迪克大學。

迪克的成功之道，在於他不怕犯錯，也不怕失敗，更不會因爲錯誤的經驗，使自己停頓下來。

他勇敢面對錯誤，並更加努力地將錯誤挽回，所以才能贏得更大的成功。

人難免會犯錯，當你犯錯的時候，是想盡方法推卸責任，還是從錯誤中找到解決的方法？

用正確的態度去面對，並找出犯錯的原因和問題所在，如此才能避免重蹈覆轍，讓每一個錯誤都成爲你成功的開始。

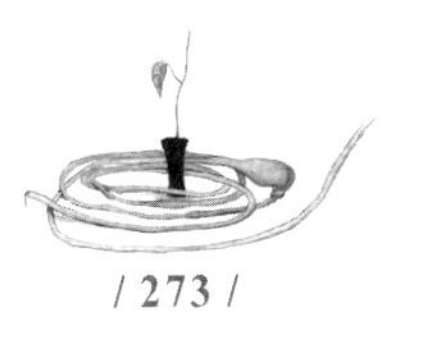

更努力，生命才會更有意義

如果你也希望享受生命的美妙，不願受景氣或困境阻礙生活，那麼從今天開始，先建立起積極的人生態度吧！

詩人作家歌德曾經寫道：「如果一個人不過高地估量自己，他就會比較能承受折磨和挫折。」

其實，對於某些人來說，挫折會讓他們自暴自棄，但是某些人卻把折磨當成是老天送給他的禮物。

挫折可以讓人意志消沉，也可以讓人百煉成鋼，關鍵就在於你如何看待它。

當你認爲自己飽受生活折磨時，不妨記住這句老話：上蒼關閉一扇門之時，必定

會為你留下一扇窗。

美國威斯康辛州有一座小農場，農場的主人米羅．瓊斯雖然工作十分努力，但是農場的收入卻一直都不太好。

瓊斯辛苦經營了好幾年，沒想到有一年，他忽然罹患了種奇怪的疾病，全身麻痺無法起床。已經接近晚年的他，遭遇到這樣嚴重的打擊，幾乎完全喪失了生活的能力與鬥志。

他的親友們都認爲，他恐怕要殘廢一輩子，不可能再有任何作爲了。但令人意想不到的是，癱瘓之後，瓊斯不但有了一番作爲，而且還一躍成爲百萬富翁。

那麼，瓊斯是用什麼方法創造奇蹟的呢？

答案是，全憑他的勇氣和積極鬥志。

雖然瓊斯的身體殘廢了，但是他的智力仍在，對他而言，躺在床上，反而讓他有更多的時間冷靜思考，想一想未來的生存和發展。有一天，他把家人召集在

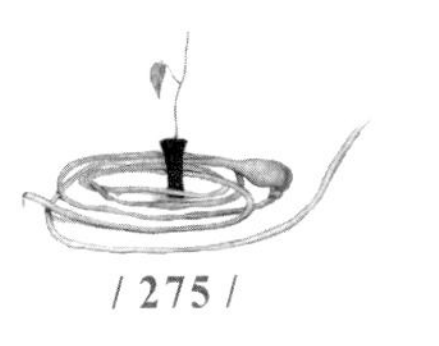

一起，提出一套計劃：「我已經無法再親手勞動了，但是我仍然能夠動腦，只要你們願意配合，你們都會是我的最佳助手，並且能和我一起實現這個計劃。」

瓊斯接著說：「我想要把農場裡的每一畝可耕地，全部改種玉米，然後用玉米飼養豬隻，接著將豬肉做成香腸，並以連鎖行銷的方式，創立自己的品牌出售。」

幾年之後，「瓊斯小豬香腸」便成了全美家庭的常用食材，更是最受歡迎的食品。

還記得日本《五體不滿足》的作者乙武洋匡嗎？

瓊斯和他都有共同的特質，因爲身體的殘缺，使他們在有限的體力和能力裡，反而比一般人更積極的生活。

他們知道自己「與衆不同」，卻不認爲應該因此得到更多的同情和協助，對他們而言，讓自己更努力，才能讓生命更加有意義，所以就算無法行動，他們也都能有一番作爲。

乙武洋匡曾經語重心長地說：「殘障只是我的身體特徵，但沒有必要為身體上的特徵而苦惱。」

他們以樂觀的態度，享受著生命中的不完美，身體健全的你我，又是怎麼看待自己的生命和生活呢？

如果你也希望享受生命的美妙，不願受景氣或困境阻礙生活，那麼從今天開始，先建立起積極的人生態度吧！

不要再輕易錯失良機

當你懂得把握機會時，機會才會幫助你發揮所長，就像放風箏一樣，如果你不懂得捉住起風的時機，又如何能讓風箏飛得又高又遠呢？

喜歡抱怨的人，總是隨波逐流，不願透視表象之下的眞象，無形之中忽略了發掘自己眞實的能力，也一再錯失良機。

當寶貴的機會在你面前出現時，你是抱著懷疑、駐足不前的態度，還是積極地加以把握？

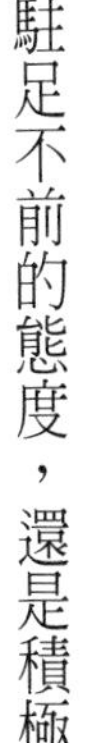

有個美國麻省理工學院的畢業生，名叫奧斯卡。

他將舊式的探礦器、電流計、磁力計、示波器、電子管和其他儀器重新設計組合，發明了一種可以勘探石油的新式儀器。他還實際運用了這款新式儀器，在美國西部的沙漠地區探勘到石油。但是，幾個月後，委託他探勘石油的公司，卻因無力償付積欠的債務而宣告破產。

於是，奧斯卡被迫踏上歸途。在沮喪的心情下，他站在奧克拉荷馬城的火車站前，面對未來，一股消極的心情將他緊緊地籠罩著。

由於他比預訂搭乘的時間早到了好幾個小時，爲了排解煩悶，本能地在火車站旁架起他的新式探礦儀器，藉以消磨時間。

沒想到當他搭架好後，儀器上的指示針竟清楚地顯示出，該車站地下竟然蘊藏著非常豐富的石油。

但是，對於正遭受打擊的奧斯卡來說，他完全不相信老天爺會在此刻眷顧他，對自己鬧起了脾氣，一怒之下還將儀器給踢毀。

「這裡不可能有那麼多石油！不可能！這絕對是不可能的事！」他十分煩躁

地喊著。

然而，就在不久之後，人們眞的發現了奧克拉荷馬城地下蘊藏著豐富的石油，甚至可以誇張地說，這個城市根本是飄浮在石油之上，但是，這個石油的發現者卻不是奧斯卡！

錯失良機的奧斯卡，事後才悔恨不已地說：「機會眞的稍縱即逝。」

雖然機會不等同於成功，但是，如果你不捉住機會，就一定不會成功。天助自助者，當你願意努力，懂得把握眼前的機會時，機會才會幫助你發揮所長，就像放風箏一樣，如果你不懂得捉住起風的時機，又如何能讓風箏飛得又高又遠呢？

別讓機會白白溜走，再好的機會，也是因爲你有能力鑑別，願意掌握，它們才會眷顧你，因此，給自己多一點信心吧，如果再這麼錯過了，恐怕下次再也等不到了！

態度，決定你幸不幸福

生活幸福與否，完全取決於你的態度。無論在多麼艱困的環境裡，都要保持信心，那麼你自然會找到開心生活的入口！

生活裡的喜怒哀樂全掌握在你手中，如果你用哭臉過生活，那麼你的生活中必然只有哭喪與苦澀。

因爲，你用什麼樣的態度和角度看待人生，你的人生自然就會以你所設定的方向前進。

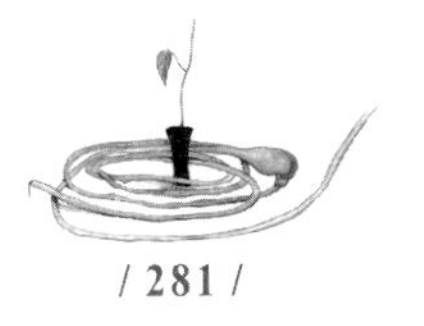

當年，巴黎鐵塔正在建造地基的時候，某報社的一名新聞記者，特地到工地現場訪問那些工人。

「您從事這個工作，覺得有什麼意義嗎？」記者首先問了一位五十歲左右的老工人。

老工人回答說：「有什麼意義？不就是賺錢養家！」

記者又問旁邊一位年輕的小伙子說：「您呢？對此次建造鐵塔的工作，您有什麼特別的感受？」

「這個工作還可以啦！不過，比起賽馬場、舞場等環境就差多了。反正，做一天就拿一天的錢，還可以啦！」年輕人毫不在乎地說笑著。

當記者在工地轉了一圈之後，突然發現，在一個又髒又亂的角落，有一位小伙子正揮著汗，拼命地努力工作。

記者也向他提出了相同的問題，這位年輕小伙子竟毫不猶豫地回答：「當然有意義了！」

他停了一下，認眞地說：「您看，現在我正在挖土、搬運的地方，將會建起一座史無前例的大鐵塔，全法國的人都會登上它，世界各地的人也都會慕名而來。而我，能爲這樣一座偉大的鐵塔奠基，當然意義非凡囉！將來，等我老了，我會帶著自己的子孫們來參觀，我會告訴他們建造的經過，讓他們也以我爲榮。」

當瓶中的酒只剩一半的時候，你是悲觀地嘆口氣說：「唉！就只剩一半了！」還是樂觀地說：「呵，我喝了一半，還有一半呢！」

生活的幸福與否，完全取決於你的態度。

無論現實是平順還是困難重重，只要保持信念，你便能開心地工作，並且離自己的目標越來越近。

別忘記，無論在多麼艱困的環境裡，都要保持信心，那麼你自然就會找到開心生活的入口！

勇敢面對人生的六字箴言

「不要怕，不後悔」，正是經過生活淬煉後的人生智慧。只要能謹記這六個字，你的人生也就沒有什麼不可能和遺憾了。

科學家哈里．弗斯特克曾經說：「人生就像一場演奏會，就算你的琴絃斷了一根，你還是要想辦法以剩下的三根絃，繼續把自己的樂曲演奏完。」

不管你面對的是順境或者逆境，這都是你的人生；遭遇不幸、失敗、挫折的時候，唯有設法從逆境超脫，才能創造自己的幸福優勢，否則就會持續向痛苦的深淵沉淪……

有個準備離開故鄉的年輕人，獨自站在故鄉的山上思索著。他遠眺重山，想到要在茫茫人海中獨自奮鬥，心中總有些惶恐和不安。

於是，他來到族長家請求指點。族長聽見這個年輕人想要出去闖蕩，心中非常高興，他說：「孩子，人生的秘訣只有六個字，今天先告訴你一半，相信這三個字就足夠讓你受用半生了。」

老人說完後，在紙上寫了三個字：「不要怕」。

轉眼三十年過去了，這個年輕人已經走到了中年，也獲得了不小的成就，只是，他總覺得有些遺憾。於是，他回到故鄉，希望能再從族長那裡得到新的訓示。

只是，當他回到故鄉時，族長已經去世了，族長的家人拿出了一個密封的信函給他，並且說：「這是族長指定要留給你的，他說有一天你一定會再回來找他。」

這時，他才想起族長曾經說的「人生的秘密」的其他三個字，他拆開信封，

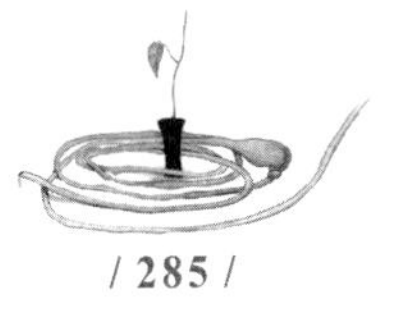

裡面果然寫有三個字，那就是「不後悔」。

莎士比亞曾經說：「千萬人的失敗，都是失敗在做事不徹底，往往做到離成功尚差一步，就終止不做。」

其實，想要成功沒有什麼特別的秘訣，只在於永不改變既定的目的，想要成功，也毫無技巧可言，只要你對目前的工作，全力以赴和永不放棄，如此一來，成功就不會遙不可及。

族長所說的「不要怕，不後悔」，正是經過生活淬煉後的人生智慧。

你我的人生也正需要這個智慧箴言，想開創人生、尋找適合的工作，或是希望將夢想實現，需要的正是「不要怕」三個字；經過深思熟慮後，「不後悔」則是實踐之後應有的態度。

只要能謹記這六個字，你的人生也就沒有什麼不可能和遺憾的了。

不要犯了以偏概全的錯誤

任何事都有一體兩面，再大的問題也都會有解決的辦法，只要把問題找出來，客觀地加以檢討，那麼，你就能看到前面的康莊大道。

大多數的人總是不會把握問題的重點，也不會試著將困擾的癥結尋找出來，並一一克服解決，反而寧願讓過往的糾結繼續纏繞心頭，總是帶著遺憾或怨憤過生活。

有位作家說過一段很有意思的親身經歷。

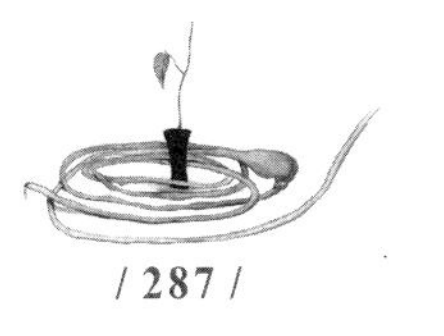

這位作家說，從小他就很喜歡吃青蛙腿。

但是，有一天他到一間餐館用餐時，服務員卻端來了一盤又粗又有腥味的青蛙腿，從那次以後，他就再也不喜歡吃青蛙腿了。

幾年以後，他在一家高級餐廳的菜單上看到了青蛙腿，忍不住問了服務員：「這些是小青蛙腿嗎？」

「是的，先生。」

「你確定嗎？我可不吃大青蛙腿喔！」

「是的，先生！」

「好久沒吃了，如果是小青蛙腿，就爲我準備一份吧！」

可是，沒想到服務員送上這道菜時，卻仍然是粗大的青蛙腿。

這時，這位作家一股怒氣馬上湧了上來，大聲地對服務員喊道：「這些不是小青蛙腿啊！」

「非常抱歉，先生，但是，這些確實是我們所能找到的最小的青蛙腿了。」

服務員滿臉歉意地回答。

不過，經過這次事件後，這位作家也開始接受這些大青蛙腿了，他不想讓自己的情緒，老是爲了蛙腿大小而不愉快，甚至還期望能再更大一些。

作家說，這頓飯讓自己學到了寶貴的一課。

他反省自己對蛙腿大小的堅持，其實是因爲有了錯誤的印象。由於之前吃到了不新鮮的粗大蛙腿，使他錯把蛙腿的大小視爲口味好壞的標準，但是，這間餐廳卻讓他知道蛙腿的大小，和牠們的味道無關，只要蛙腿新鮮，烹飪技術好的話，不管大小，一樣可以美味可口。

俄國作家契訶夫曾經寫道：「你知道才能是什麼意思嗎？那就是勇敢、開闊的思想，以及遠大的眼光。」

不具備開闊的思想及遠大的眼光的人，通常都會被習慣性的認知束縛，不願意進行不同的嘗試，也難以承受環境的磨練。這樣的人，日常生活中一遇到不如意的事情，總是發出各種抱怨。

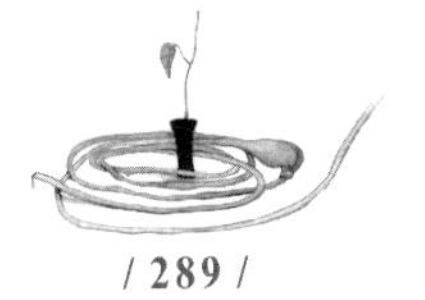

以偏概全是多數人的盲點，一旦在某條路上跌倒了，就不再走那條路，或是認定那條路上有很多的困難或陷阱。

其實，當時的跌倒只是自己的一個閃神，只要站起來後，前面就是一段筆直平坦的道路。

不要再用「以偏概全」的態度看事情了！任何事都有一體兩面，再大的問題也都會有解決的辦法，只要把問題找出來，客觀地加以檢討，你就能看到前面的康莊大道。

只要邁步向前，夢想就不再遙遠

每一個夢想在最初似乎都遠在天邊，可是若能邁開堅持的腳步，一步一步前進，總有走到的一天。

英國有一句名言：「一個人所擔心的最壞情況，有百分之八十五都不會發生。」

當新的挑戰出現時，產生退縮、沒信心的反應是正常的，但是，這些擔心不一定會成真。

許多人遇到事情的直覺反應就是：「我不行，我做不到。」經過一段時間後，才能慢慢接受。

但也有人選擇直接放棄，不僅失去一個機會，更讓人視為是個連嘗試的勇氣都沒有的傢伙。

有些時候根本不需要想那麼多，只管去做就是了。

當你開始行動時，過程會告訴你應該怎麼辦，人生的價值也將在行動中決定。

在一棟大房子裡，有許多座不同的鐘，每天辛勤工作，「滴答……滴答……」不停地走動，提醒著每一個人該做什麼事。

其中有一座年紀很大很大的鐘，掛在高高的牆上，近來總是不停地咳嗽著，指針們也因為咳嗽的震動而跑來跑去。終於有一天，它要退休了，僕人輕輕將它拆了下來，又小心地將一座年輕的小鐘裝了上去。

小鐘看著滿頭白髮的老鐘被搬走後，不安地環顧四周。

突然傳來一陣聲音呼叫年輕的小鐘：「小夥子，你是新來的吧？」開口的是一只放在桌上的方型鐘，「也該是換人工作的時候了，不過我還眞有點擔心你，你能走完三千二百萬次嗎？我怕你走到一半就吃不消了。」

「三千兩百萬次？」小鐘驚呼著，「天哪，要我完成這麼困難的任務？辦不到，我辦不到啊！」

這時候從溫暖的火爐上傳來一道溫柔的聲音：「別聽它胡說。不用擔心，你一定做得到的，只要每秒『滴答』地擺一下，一定可以擺到三千兩百萬次。」

原來，安慰它的是另一個小圓鐘。

「真的有那麼容易嗎？」小鐘帶著懷疑的心情說著，「如果真是那樣，那我就試試看吧！」

於是，小鐘謹慎地開始工作，不刻意費力，輕鬆擺動著手腳，每過一秒，就動一下。

就這樣「滴答、滴答……」，不知不覺一年過去，它終於擺到三千兩百萬次了，而且仍將繼續擺動下去。

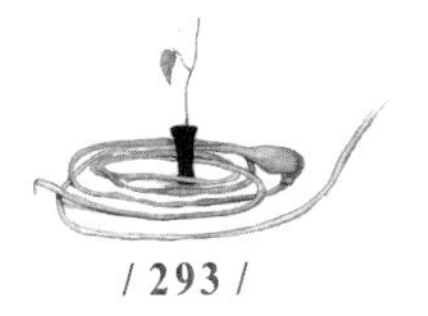

人的一生，也都是一步一腳印，慢慢地走完全程的。

年幼時總希望時間過得快一點，好趕快長大；年老回味著過去時，卻希望時間能放慢。

然而，時間是公平的，它給每個人一天都是二十四小時；同時它也最偏私，給每個人不同長度的人生。

人類的壽命無論長短，總有一天會告終，但是人生的價值，就要看個人如何去掌握活著的時間。

每個人都有夢想，必須將那份想法化為實際的做法，才有實踐的時候。每一個夢想在最初似乎都遠在天邊，可是若能邁開堅持的腳步，一步一步前進，總有走到的一天。

但是，若連一步也不願意跨出去，夢想也只能如同雨後的彩虹，讓人只能驚嘆它一閃而逝的美。

設法從自卑走向自信

與其因自卑而悲觀喪氣，帶來更多的歧視和冷漠，
不如將它轉變為動力，從自卑走向自信，
這才是積極有力的生命態度。

找到方向，就能完成夢想

不要再像隻無頭蒼蠅胡亂飛舞了，你必須找出自己的目標，發現自己心中的北極星，才能走出自我的困境。

失敗的人常常感慨自己找不到成功的方向。

其實，並不是沒有方向可依，只是你沒有選定目標而已。如果不能找出自己的目標，那麼你永遠都只會隨波逐流，或是在失敗的循環中，渾渾噩噩地虛度一生。

撒哈拉沙漠中有一個叫比塞爾的小村莊，村莊建造在一塊一．五平方公里的綠洲上，如果想從小村莊走出大沙漠，只需花三天三夜的時間，就能抵達城市了。

但是，一直到一九二六年，英國皇家學院的萊文院士發現這個小村莊之前，比塞爾的村民竟然沒有一個人曾經走出大沙漠。

經過萊文院士了解，他們並不是不願意離開這塊貧瘠的地方，只是嘗試過很多次，全都無法成功地走出沙漠。

萊文院士試著用手語和村民溝通，得到的回答全都一樣。他們都說，從這裡出發，無論朝哪個方向前進，每個人最後都會回到這個地方。

爲了證實他們的說法，萊文自己做了一次實驗，從比塞爾村向北直走，沒想到只花了三天半的時間，就順利地走出沙漠了。

「爲什麼比塞爾的村民會走不出去呢？」萊文心中感到非常納悶，於是請了一位比塞爾人帶路，看看哪裡出了問題！

他們準備好可以用半個月的水量，騎著兩隻駱駝就上路了。這次萊文將指北針等輔助工具收了起來，只拉了一個木棍跟在村民的後面。

他們走了約八百多英哩的路程，花了十天的時間了，就在第十一天的清晨，一塊綠洲出現在他們的眼前，果然他們又回到了比塞爾。不過，萊文也終於明白，爲什麼比塞爾人走不出沙漠的原因了。

因爲，他們根本就不知道什麼是北極星，更沒有指北針之類的工具，在沙漠中，全憑感覺找方向，沒有任何輔助指引的依據，當然會在一望無際的沙漠中繞圈子，永遠只能走回他們的村莊。

於是，當萊文要離開比塞爾時，向一個名叫阿古特爾的青年說：「在沙漠中，白天時，你就好好休息，到了夜晚，你只要跟著北方一顆最亮的星星走，就能走出沙漠了。」

阿古特爾眞的照著萊文的話去做，三天後，果然讓他走出了沙漠。

古羅馬思想家小塞涅卡曾經說過：「如果一個人不知道他要駛向哪個碼頭，那麼任何風向都不會是順風。」

相同的道理，如果一個人認不清自己應該努力的方向，那麼，再多的努力終究也只是徒勞無功。

其實，就像比塞爾人一樣，缺乏明確的目標指引，通常是很多人一再遭遇失敗的原因。特別是在習慣性失業人的身上，沒有目標可說是他們普遍存在的人生問題。

因爲沒有目標，所以他們無法忍受成功過程中所必須歷經的磨練，自然無法享受成功的喜悅。

不要再像隻無頭蒼蠅胡亂飛舞了，你必須找出自己的目標，發現自己心中的北極星，並且切實地朝著星光的指引前進，才能走出自我的困境，邁向你夢想中的園地。

你是沒有機會，還是沒有準備？

你真的都沒有機會嗎？還是你根本就沒有好好準備，所以才眼睜睜地讓每一次機會在你面對走過？

《孫子兵法》中有句話這麼說：「毋恃敵之不來，恃吾有以待之。」

就現代的觀點，孫子說這句話的意思就是：不要怕沒有機會，就怕機會來了你還沒有準備好！

激勵作家路易士．賓斯托克曾經講過這樣一個故事。

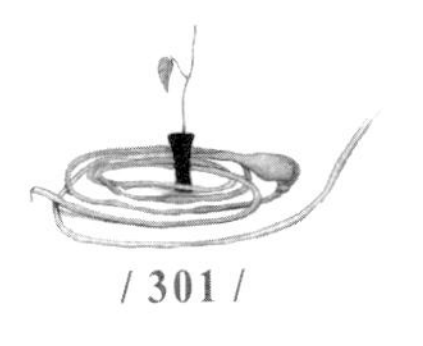

在美國經濟最蕭條的時期，他在南部的一個小鎮中長大，那時的生活水準和今天相比，實在差得太多了。

長大後，他在鎮上的一家雜貨店打工，店裡賣的蜂蜜是用大木桶裝著的，而且是一大桶一加崙地賣。

在那個年代，孩子們根本沒有零錢買糖果，不過鎮上有個小男孩卻特別喜歡吃糖，尤其對蜂蜜情有獨鍾，經常溜進店裡，偷偷掀起木桶蓋子，用他的小手指沾著蜂蜜吃。

不過，他常常被老闆捉到，當然也免不了挨一頓罵，並且還被特別叮囑不能再進店裡一步。

有一天，小男孩又偷溜進去吃蜂蜜了。老闆一氣之下，把小傢伙拎了起來，丟到了桶子裡。當小男孩快沉入底前，沒想到竟然還聽到他禱告說：「主啊，請你賜給我一個能舔完這桶蜂蜜的大舌頭吧！」

每當路易士．賓斯托克在創作或在演講時，都會想起這個故事。也許小男孩的故事並不特別，但是對他而言，寓意卻非常深遠。因爲，他也曾像小男孩一樣，祈禱上帝，當他有寫作和演講的機會時，希望祂能賜給他一個「下筆如神」的能力，或一個「妙語如珠」的口才。

運動員知道，如果自己不接受嚴格的訓練，就不可能有所成就；畫家也知道，如果不勤加鍛鍊，技巧就會開始生疏，創造不出更高的意境。各行各業都是如此，想要獲得傑出的成就，都得做好準備，等待脫穎而出的機會。

懂得把握機會的成功人士都會說：「只要你準備好迎接機會，機會隨時都會來敲你的門。」

許多人只會抱怨自己沒有機會，但問題是，當他們有了機會，卻常常因爲沒有準備而失之交臂。

反省一下，你眞的都沒有機會嗎？還是你根本就沒有好好準備，所以才眼睜睜地讓每一次機會在你面對走過？

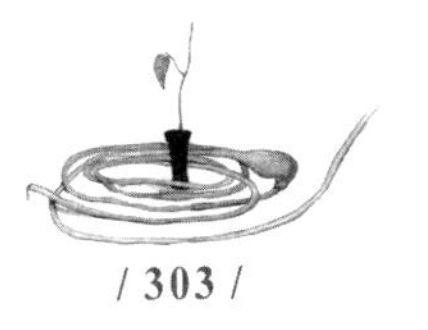

幸運之神只會眷顧有勇氣的人

有膽量的人，知道機會不能錯失，就算事情難以預料成果，他們也不會裹足不前。

與其說幸運會使人產生勇氣，不如說，正是因爲有了勇氣，才會讓更多的好運願意靠近你。

記住保羅．格蒂曾說過的話：「凡事都必須樂觀地面對，如果你總是要求先有肯定的答案，那麼只會綑住自己的手腳而已。」

保羅·格蒂是石油界的億萬富翁，每個人都認為他是一位非常幸運的人。但是，大家卻不知道，在他早期的時候，其實也走過一條非常曲折坎坷的人生道路。

求學的時候，他曾立志當一名作家，後來又決定要從事公關外交方面的工作。畢業後，他卻被奧克拉荷馬州迅速發展的石油業吸引，當時他的父親，也是靠著石油業而發財致富。

進入了石油業，偏離了他在求學時主攻的外交事務，他停下了往外交領域發展的計劃，成了一名完全不懂油井開發的人。雖然什麼都不懂，但是他仍然要試試自己的運氣。

剛開始，格蒂找了一些挖掘油井以外的相關工作，以賺取資金。有時候也會到父親那裡借點錢，雖然能借的金額不多，但是，格蒂就這樣一點一滴地累積了資本。

年輕的格蒂很有勇氣，做事卻一點也不魯莽。行動開始前，他會先仔細評估，太過冒險或是一次失敗就會造成難以彌補損失的行動，他都不會讓它發生。一開始，他也失敗了好幾次，直到一九一六年，才終於找到了第一口高產量的油井，

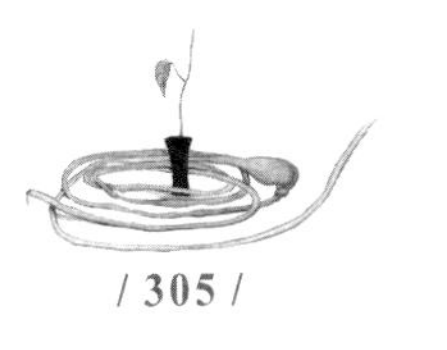

也讓他打下了成功的基礎。那年，保羅．格蒂才二十三歲。

保羅．格蒂的成功，眞的只是幸運嗎？或許！不過這個幸運卻是他應得的，因爲他也付出了許多的努力和代價。

曾經有人好奇地問格蒂，他怎麼會知道這口井會產油。

雖然他爲了開挖這口井，收集了許多可靠的資料和證明，但是他仍然說：「我當時其實並不肯定，」他接著說：「但是，在我心中一直懷抱著希望，相信一定會有成功的機會。」

或許，你會認爲，所謂幸運的人，有時候只是比一般人大膽一點罷了。不過，可以肯定的是，幸運之神是不會眷顧膽小怕事的人的。

有膽量的人，知道機會不能錯失，就算事情難以預料成果，他們也不會裹足不前。只要盡全力把事情做到最好，有沒有成功都無所謂，因爲任何成功的機會，他都不會錯過。

思想家家阿米爾曾說：「懂得如何在逆境中過日子，不僅是智慧的傑作，同時也是人生這部著作中，最難撰寫的篇章。」

眞正的成功者，經常是那些勇於超越自己的人。

也許你沒有顯赫的家世背景，也沒有令人羡慕的耀眼學歷，但是，只要你充滿勇氣，願意挑戰自己，進而超越自己，將每一個挫折都當作成功的起點，照樣會有輝煌的成就。

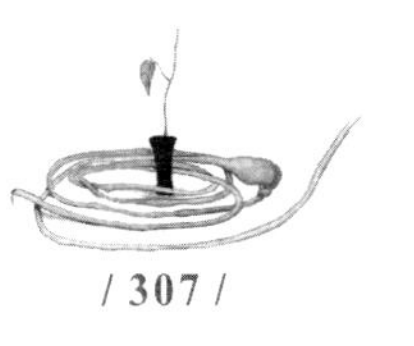

發揮十分的努力才能勝利

一味地羨慕他人，是無法讓自己成長的。只有付出「努力」也是不夠的，要讓自己的努力用「十分」的力道來呈現。

有句話說：「經濟愈不景氣，就愈要努力。」

日本的經濟不景氣已經二十多年，台灣也碰上同樣的問題，很多人感嘆生意難做，甚至覺得現在創業無疑是一種自殺行爲。就因爲抱持著如此心態，許多行業漸漸走向沒落之路。

可是一些眼光遠大的人，反而認爲這是開創商機的好機會。因爲經濟不好，許多生意結束營業，自然也少了一些競爭對手，發展的機會反而大多了。

某班大學同學在畢業十年後舉辦了一次同學會，當年大家都坐在同一間教室聽講，如今卻有很大的差距。

除了在容貌上有明顯改變外，就是畢業後的發展。有人拿到鐵飯碗，成了公家機關的處長、局長；有的走文教路線，當了博士、教授、作家；甚至有人自行創業，成爲大公司的負責人；當然也有不太順遂的人，沒有固定的工作，只能靠兼差、打工過活；甚至有人背著一筆債務，辛苦過日子。

看著大家不同的際遇，有人感到很不服氣，開始感嘆這世界太不公平，當年唸書時大家的程度都差不多，爲什麼現在會有這麼大的落差？

於是，有幾個人前去請教當年的系主任。

老師聽完了大家的疑問之後並不立刻回答，只是笑一笑，然後出了一道題目：「十減九等於幾？」

學生們聽到老師這個「莫名其妙」的問題，一個個張大嘴巴，又說不出話來。

老師見此情況，又問：「你們會打保齡球嗎？」

不等學生回答，老師開始講解起保齡球的規則：

保齡球的規則是，每一局十個球，每一個球得分是從〇到十。這十分和九分的差別可不是一分，因爲打滿分可以加下一個球的得分，如果下一個球也是十分，加起來就成了二十分。二十與九的差別是多少？如果每一個球都打滿分，一局就是三百分。當然，三百分太難了，但是高手打二百七十、二百八十分卻是常有的事。

假如每一個球都差一點，都得九分，一局最多才九十分。那麼，這與二百七十、二百八十分的差距又是多少？

看到大家若有所思的表情，老師繼續說道：「你們當初畢業的時候，也就是十分與九分的分別，差距不大。但是，分道以後，有的人繼續以『十分』來努力，毫不鬆懈，十年下來，他獲得得多大的成績！如果你還是以九分、八分地做，甚至四分、五分地混，十年下來，你又會拉下多大的距離？」

幾個學生恍然大悟，頓時羞愧難當。

努力貫徹自己的想法，一向是邁向成功不可缺少的元素，有的人成功了，有些人還在原地打轉，甚至倒退。人們容易將問題歸咎於環境，卻忘了奮力追求，甚至創造一個適合的環境來發展。

一味地羨慕他人，是無法讓自己成長的。要記住，只有付出「努力」是不夠的，要讓自己的努力用「十分」的力道來呈現。

有想法，也要有積極的做法，一個人若不能以積極的態度面對人生，就很難成為佼佼者。

想要比別人優秀的不二法門，其實只有一個，那就是：付出十分的努力！

用你的自信把潛能激發出來

無論付出多少時間精力，都要把事情完成，只有對自己充滿信心，你才能不斷地激發自己內在的潛能。

信心對一個人的發展來說，具有無法預估的力量。不論是在智力、體力或是處理事情的能力上，自信心都有著非比尋常的地位。

許多事業成功的人，總是能勇於向自己提出更高的要求，所以才能在失敗的時候看見希望。

心理學中曾有這樣一個著名的實驗案例。

一個長相很醜的女孩，對自己非常缺乏信心，從來不打扮，整天邋邋遢遢的，做事也不求上進。

一位心理學家爲了改變她的狀態，要求大家每天對醜女孩說：「妳眞漂亮」、「妳眞能幹」、「今天表現不錯」……等等讚美的話，經過一段時間之後，大家驚奇地發現，女孩眞的變漂亮了。

其實，她的長相並沒有任何改變，而是心理狀態發生了變化。她不再邋遢，變得愛打扮，而且做事積極，開始喜歡表現自己。

爲什麼會有這麼大的變化呢？

心理學家解讀說，那是因爲她對自己產生了「自信心」，因爲對自己有了自信，所以大家都覺得她比以前漂亮多了，她還愉快地對大家說，她獲得了新生。

所謂「相由心生」，這位女孩其實只是展現出每個人都蘊藏的自信美而已。

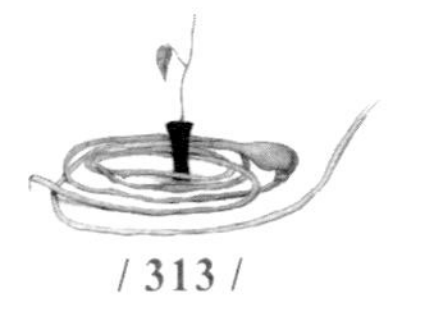

這種美只有在我們相信自己，而周圍的人也都肯定我們的時候才會被充分地展現出來。

自信心就像催化劑一樣，它可以把人的一切潛能激發出來，讓所有的功能調整到最佳狀態。

在許多成功者的身上，都可以很清楚地看到他們因自信而散發出的成功光芒。一個人如果缺乏自信心，就會缺乏探索事物的主動性和積極性，能力自然就會受到約束和侷限。

生活並不容易，除了要有堅忍不拔的精神外，最重要的是懷抱信心。相信自己的天賦和才能，無論付出多少時間精力，都要把事情完成，只有對自己充滿信心，你才能不斷地激發自己內在的潛能。

設法從自卑走向自信

與其因自卑而悲觀喪氣，帶來更多的歧視和冷漠，不如將它轉變為動力，從自卑走向自信，這才是積極有力的生命態度。

試著轉變你的自卑心理吧！

它不應該是前進的阻力，而是成功的動力。

越受挫、越沒有信心時，越要努力克服自己的自卑感，因爲從自卑中所發揮的能量，將是任何事物都比擬的。

法國著名的化學家維克多．格林尼亞，就是一個超越自卑心理，走向成功的典型例子。

格林尼亞出生在一個非常富裕的家庭，從小就養成了游手好閒的生活態度，總是揮金如土、盛氣凌人，但是在他二十一歲的時候，卻遭受了一次嚴重的打擊。

在一次宴會上，他遇見了一位年輕美貌的巴黎女郎，而且對她一見鍾情。於是，他仗著自己長相英俊，而且有錢有勢，便走上前去向她搭訕。

沒想到，這位女郎卻冷冰冰地對他說：「先生，請你站遠一點，我最討厭被花花公子擋住視線了。」

這個情況讓格林尼亞羞愧不已，產生自卑心理。對很多人來說，或許這只不過是被一個被高傲女孩拒絕而已，但是，對嬌生慣養的格林尼亞來說，卻是一次嚴重的打擊。

經過這次事件之後，他決定離開了家鄉，一個人來到里昂，並且隱姓埋名，整天只待在圖書館和實驗室裡做研究。經過菲利普．巴爾教授的指導，再加上他的努力不懈，終於發明了「格式試劑」，而且發表過的學術論文也有二百多篇。

一九一二年，瑞典皇家科學院更頒予他諾貝爾化學獎。

維克多．格林尼亞反省地說：「因爲從小家境很好，每當自己有任何好成績時，家人都會視爲理所當然，而其他人則認爲那是我的家境好，從來都沒有人會認爲是我自己的努力。漸漸地，我對自己越來越失去信心，不知不覺開始自卑了起來，總是拿著家裡的富裕來滿足自己。直到女孩的那句話，我才發現自己有多麼讓人討厭，甚至連自己也很厭惡自己。後來我仔細地反省，終於了解到，如果能正確地對待心裡的自卑，我一定能靠著自己的力量，獲得別人眞正的肯定。」

相信每個人都曾經有這樣的經驗，不管是青少年時期因爲課業不如別人的自卑，還是對外在環境適應不良所產生的自卑，每個人的內心深處或多或少都有自卑的角落。

只是，在這些自卑情況下，是否讓你習慣了逃避，或是學會了僞裝？不管是哪一種情形，都只會讓你越陷越深，越來越失去自己而已。

與其因爲自卑而悲觀喪氣，帶來更多的歧視和冷漠，倒不如將它轉變爲動力，讓自己從自卑走向自信，這才是積極有力的生命態度。

很多時候，只要懂得轉換念頭，就會讓自己充滿信心，發現許多看似困難的事，其實並不值得煩憂；內心也會因爲這個轉念，變得堅強成熟。

如此一來，你便會從生活和工作中，看到更開闊的前景，找到原以爲絕不可能屬於自己的快樂與成就感。

有了批評，你更能勇往直前

不管別人是用什麼的角度批評你，你都要秉持自己的信念勇往直前，讓每一個不客氣的批評成為你更加成功的原動力。

你曾被外在的批評困擾嗎？請聽聽戴維．克羅克特的這句座右銘：「確定你是對的，然後勇往直前。」

聰明的人會從積極的角度看待批評，包括那些不公正的責罵，他們會把別人的批評，視爲改進自己、或激發鬥志的動力。

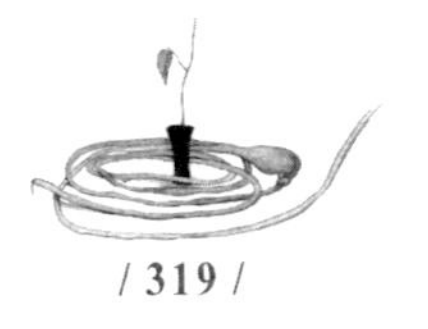

一九六二年，還未成名的披頭四合唱團，曾向英國威克唱片毛遂自薦，但是卻立刻被拒絕了，公司的負責人說：「我不喜歡這群人的音樂，只是些吉他合奏，太落伍了。」

你聽說過艾倫斯特．馬哈嗎？他是維也納大學物理學教授，曾經不屑地說：「我不承認愛因斯坦的相對論，正如我不承認原子的存在。」

愛因斯坦對他的批評並不在意，因爲早在他十歲，還在慕尼黑唸小學的時候，任課老師就對他說：「你以後不會有出息。」

美國的國父華盛頓，也曾經被人罵是「僞君子」；《獨立宣言》的撰寫人湯馬斯．傑佛遜也被罵說：「如果他成爲總統，那麼我們將會看見我們的妻子和女兒，成爲合法賣淫的犧牲者，我們會受到更多的羞辱和損害，我們的自尊和德行都將消失殆盡。」

然而，他們非但沒有被批評和辱罵嚇倒，反而保持更樂觀而自信的態度，讓自己對世界、對社會有了更深遠的影響。

換個角度想，受人批評輕視，其實並不是什麼壞事，至少可以提醒我們要努

力積極，讓自己擁有進步的動力。

英國國王愛德華八世（即溫莎公爵），年輕時曾經在一所海軍官校讀書。有一天，一位軍官發現十四歲的溫莎王子在哭泣，便上前詢問發生了什麼事情，才發現是溫莎王子原來被軍校的學生踢了一腳。

指揮官把所有的學生召集起來，要他們解釋原因，這些學生推託了半天，才解釋說，因爲等他們成爲皇家海軍的指揮官或艦長時，希望能夠告訴人家，他們曾經踢過國王的屁股。

相對的，許多批評不也正是這種心理作祟之下的產物？

每個人都免不了會遭受批評和指責，特別是有成績、有名望的人，更是容易受到非議。因此，無論你是被人踢，還是被人惡意的批評，只要記得，他們之所以這麼做，只是想從中得到更多的滿足感而已，這通常也就表示你已有所成就，所以讓人特別注意。

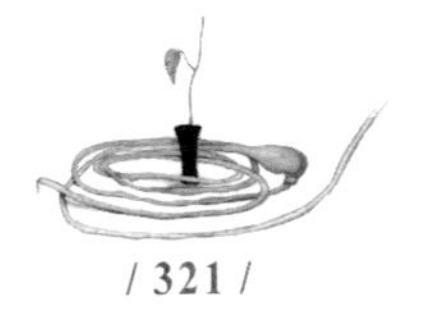

哲學家叔本華說：「庸俗的人，只會在偉大的錯誤和愚昧行為中，才能得到最大的快感。」

很多人在批評比他們成功的人時，都只是爲了得到一種阿Q式的快感，所以越成功的人受到的批評就越多，只有那些什麼都沒做成的人，才能免除別人的批評。

所以，不管別人是用什麼角度批評你，你都要秉持自己的信念勇往直前，讓每一個不客氣的批評成爲你更加成功的原動力。

改掉投機取巧的壞習慣

不要同時間給自己太多事情，把最重要的第一件事先做好，這才是處理事情應有的態度，也才是成功的不二法門。

靜下心想想，每當重要的事情在手上時，你總是想利用其他人事物之便，把工作完成嗎？

結果，是不是都弄得一團糟，甚至把最重要的事都搞砸了？

用心把一件事情完成就好，不想一事無成，就別再想投機取巧。

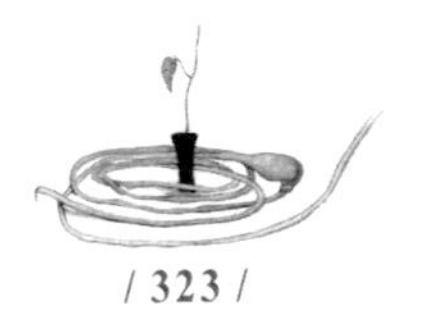

有一天，農場主人的兩頭牛不見了，急忙吩咐僕人出去尋找。

可是等了半天，都不見僕人回來，主人只好自己跑出去一探究竟，沒想到，卻看到僕人在野地裡跑來跑去。

於是，主人走近問他：「你到底在幹什麼？」

僕人回答：「我剛才發現了兩頭鹿，您知道鹿茸是非常値錢的，所以我們不必去找牛了，把鹿捉到就夠了。」

主人說：「那麼，你捉到鹿了嗎？」

僕人不好意思的說：「沒有，因爲我去追朝東邊跑的那頭鹿時，沒想到牠竟然跑得比我快，不過請您放心，我記得往西邊跑的那頭鹿，牠的腳有點瘸，我現在就去把牠捉回來，相信我一定會捉到的。」

只是，當他再回頭要去追那頭瘸鹿之時，牠早就已經不知去向了。

本來主人只是叫他去把牛隻找回來，怎知他卻放著正事不做，反而跑去捉鹿，捉不著東邊的那個，才回頭去找西邊的那隻。這時，主人不禁感慨說：「像你這樣心有旁騖的僕人，肯定要一輩子一事無成了。」

你會不會像這位僕人一樣，經常被長輩或長官責罵：做事沒有重點，不懂得事情的輕重緩急？

處理事情的方式，其實也是你對自己、對生活態度的一種表現。總是一心二用，或老是漫無目標前進的人，再重要的事情到了他手上，也會變得無關緊要一樣。

這樣的做事態度，不僅不會被重用或信賴，一旦要裁員的時候，第一個被想到的人，自然是你！

把壞習慣改掉吧！一鳥在手勝過兩鳥在林，不要同時間給自己太多事情，而要把最重要的第一件事先做好，這才是處理事情應有的態度，也才是成功的不二法門。

只有盡力才能出人頭地

只有不斷的磨練，才能讓自己熟練，
在不能確定是否已做到最好時，
你就沒有停止的資格。

只有盡力才能出人頭地

只有不斷的磨練，才能讓自己熟練，在不能確定是否已做到最好時，你就沒有停止的資格。

不要抱怨眼前的事情老是那麼繁瑣磨人，讓自己老是重複著那些機械化的動作，而是要問自己到底花了幾分心力。

如果你想在自己專精的領域出人頭地，那麼，不管事情的難易如何，你都必須確定自己已經做到最好，才能收工。

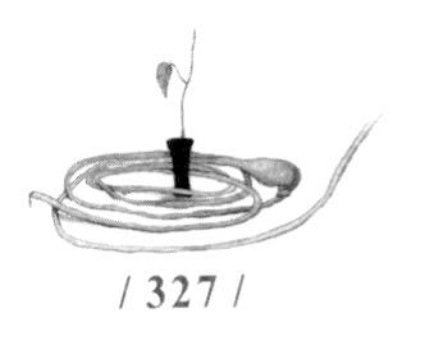

安東尼．羅賓的妻子請了一位調音師來家裡保養鋼琴，這位調音師非常厲害，只見他仔細地鎖緊了每一根琴絃，讓它們都繃得恰到好處，並且發出正確的美妙音符。

當他工作完成後，羅賓問他要付多少錢，他笑著說：「還不急，等我下次來的時候再付吧！」

羅賓不解地問：「下次？這是什麼意思？」

調音師說：「明天我還會再來，然後一連四個星期都要再來一次，接下來則是每三個月來一次。」

羅賓聽得一頭霧水，於是接著又問：「什麼？這架鋼琴的琴絃不是已經調好了嗎？難道還有問題？」

調音師這時卻嚴肅了起來說：「我是調好了，但那只是暫時的，如果要讓琴絃能保持在正確的樂音上，就必須繼續『調正』，所以我得再來幾次，直到這些琴絃能一直保持在正確的音符。」

聽完調音師的話，羅賓不禁嘆道：「原來，這其中有那大的學問啊！」

詩人歌德曾經提醒過我們：「一個人怎樣才能認識自己的價值呢？絕對不是通過思考，而是通過實踐。無論如何都要盡力去履行自己的職責，那麼，你就會立刻知道你的價值。」

只有不斷的磨練，才能讓自己熟練。

就像調音師的工作精神一樣，在不能確定是否已做到最好時，你就沒有停止的資格。

希望目標能夠實現，就得像鋼琴的調音工作一樣，必須經過不斷地調整、校正努力的方向，你才不會有任何遺憾，更不會有任何怨言和不悅。因爲你可以這麼告訴自己：「我已經盡了全力，做到最好了。」

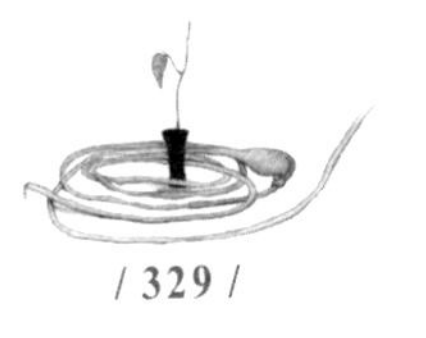

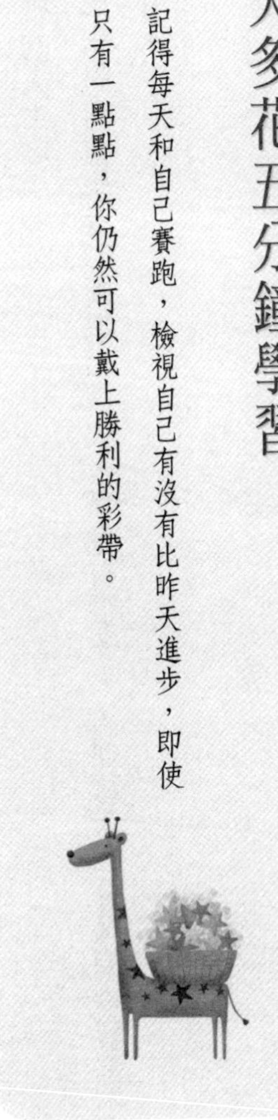

每天多花五分鐘學習

記得每天和自己賽跑，檢視自己有沒有比昨天進步，即使只有一點點，你仍然可以戴上勝利的彩帶。

哲學家哈耶克曾經這麼說：「如果我們多設一些有意義的目標，多一分耐心，多一點謙恭，那麼我們就能夠進步得更快，而且事半功倍；但是，我們如果『自以為是，自恃具有超越一切的智慧和洞察力而驕傲』，那麼便注定要失敗了。」

成功與失敗之間的距離並不遠，最大的差別，或許就在於你願不願每天多花個五分鐘學習的時間。

有個牧師問一位學者說：「你知不知道有關南非樹蛙的事？」

「不知道！」學者誠實地回答。

牧師說：「如果你想知道的話，你可以每天花五分鐘閱讀相關資料，五年之內，你就會成爲最懂南非樹蛙的人。接著，有人會邀請你到他們的公司，並支付你一大筆錢，就是爲了聽聽你對南非樹蛙的意見。」

牧師接著說：「當然，這是一門很專業的學問，聽眾可能不多，但是想想看，只要持續五年，每天只花五分鐘時間閱讀資料，你就能成爲在這門研究領域中，最具權威的人士之一。」

這些話對這位學者的衝擊相當大，畢竟有很多人，連每天五分鐘的投資都不願意付出。

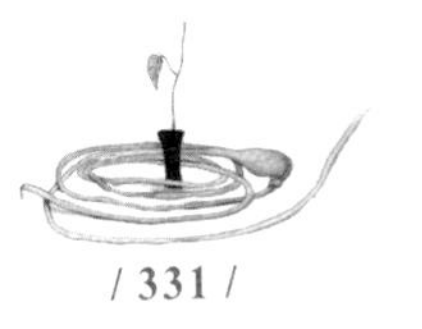

正如名導演伍迪．艾倫所說的，我們生活中有百分之九十的時間只是在混日子，而大多數人的生活層次只停留在「爲吃飯而吃飯、爲工作而工作、爲了回家而回家」。

我們習慣從一個地方逛到另一個地方，事情做完一件又一件，看起來好像做了很多事，事實上，卻都沒有把時間放在自己眞正想完成的目標上。

正因爲如此，很多人到了退休才發現，自己竟然虛度了大半生，而剩下的日子則是在病痛中流逝。

學無止境，即使生活再忙碌，也要每天保留五分鐘學習。記得每天和自己賽跑，檢視自己有沒有比昨天進步，即使只有一點點，你仍然可以戴上勝利的彩帶。

夢想就等著你跨出第一步

只要有決心，沿途一定會有無限的機會和條件，只要跨出第一步，成功便離你不遠。

充滿信心地設定人生目標，然後踏出自己的腳步！如果你不積極跨出「第一步」，就只是一個光說不練的幻想家，永遠也達不到目的。

別再三心兩意、猶豫不決了！當你決心要做好一件事的時候，事情就一定會照著你的希望前進！

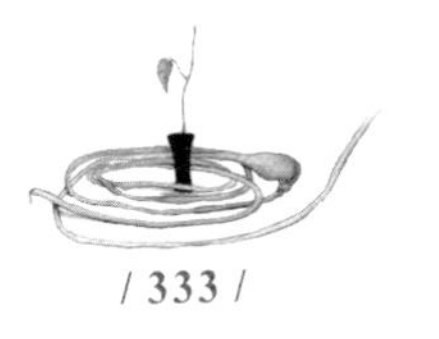

傑米是一個二十幾歲的已婚男人，有一個小孩，雖然收入不多，卻擁有快樂平凡的家庭。

傑米一家人就住在一間小公寓裡，他們夫婦倆很渴望擁有一間自己的新房子，可以有乾淨而舒適的環境，也能讓小孩有較大的空間遊戲，但是，買房子並不容易，因為光頭期款就是個相當麻煩的問題。

有一天，當傑米寫著下個月要付的房租支票時，突然想到，其實房租跟新房子每月的分期付款差不多，於是他跟太太說：「下個禮拜，我們就去買一間自己的房子好不好？」

太太驚訝地回答說：「我們哪有能力？說不定連頭款都付不出來呢！」

但是，傑米已經下定了決心，他說：「有很多人跟我們一樣想買房子，他們或許也因為缺少頭期款而不能如願以償，不過，辦法是人想出來的，只要有決心，絕對沒有不可能的事情。」

很快地，他們找到了一間非常合適的新房子，頭款是一千二百美元。於是他們的問題來了，他們得湊足這一千二百美元，但是傑米不能向銀行貸款，因為那會使他無法獲得其他的抵押借貸。

這時，他突然有了一個靈感：爲何不直接找承包商談，或者要求他們提供私人貸款呢？

剛開始時，對方的態度十分冷淡，但由於傑米一再懇求、堅持，承包商終於點頭把一千二百美元借給他們，但是傑米得按月償還一百美元，利息要另外計算。

接著，傑米開始思考每個月要如何湊出一百美元。他們夫妻倆想盡方法，算來算去一個月可以省下的也只有二十五美元，這時傑米想到另一個方法，他直接跟老闆解釋這件事，並希望獲得一些幫助。

傑米說：「老闆，我爲了買房子，每個月要多賺七十五元才行。我知道，當你認爲我値得加薪時一定會加，可是我現在很想多賺一點，公司有些事情在周末做會更好，你可不可以讓我在周末加班呢？」

老闆對他的誠懇和努力非常感動，於是找了許多事情讓他在周末加班，最後傑米一家人終於如願以償地搬進新房子住了。

一步一步往自己設定的目標前進，如此，每一步都能創造奇蹟！

不要畏懼前面的道路有什麼艱難，多給自己多一點信心和勇氣，展開實際行動，永遠比一大堆紙上作業重要。

就像故事中的傑米一樣，當你設定目標，邁出了實踐的步伐，你的生活就充滿了積極的動力。

別擔心自己還沒準備好，雖然預先準備是很重要的，但有了機會卻仍停滯不前，才是對自己最大的損失。

請放心，只要有決心，沿途一定會有無限的機會和條件，只要跨出第一步，成功便離你不遠。

你可以創造一個機會給自己

千萬不要讓你的安逸和惰性阻礙了理想，若能堅持不向惰性屈服，你的成功便指日可待。

許多人都知道自己的人生目標，但眞正付諸行動的卻很少，更可悲的是，學習與累積實力的機會已擺在眼前都不知道要如何進行。

想把生活變得更有意義，就不能害怕失敗，必須鞭策自己採取行動，以實際行動讓每一天都是生命中的傑作。

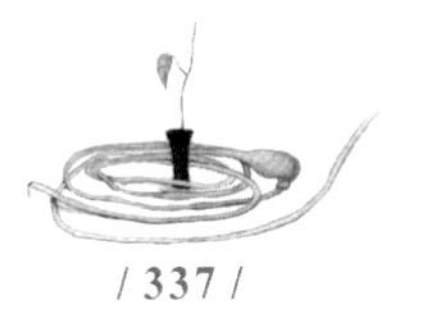

泰莉是位空中小姐，很喜歡環遊世界，也一直藉著工作之便盡情玩樂；而另一位空中小姐曉玲，除了喜愛旅遊之外，還希望能擁有自己的事業，而且最好是與旅遊有關。

因此，曉玲每到一個地方，總會記下自己經歷過的每一件事，特別是當地的旅館和餐廳的情況。此外，她還將自己的旅行經驗，熱心地提供給搭機的旅客。

後來，很意外地，曉玲被轉調到安排旅遊行程的部門工作，有如一本活百科全書的她，在旅遊方面的知識非常豐富，在這個部門服務簡直可以說是如魚得水。

在這裡，她有更多的機會可以掌握世界各大城市的旅遊動態，於是幾年之後，她便擁有了一間屬於自己的旅行社。

至於泰莉，到現在仍然只是一名空中小姐，雖然她非常賣力地工作，但卻沒有什麼升遷機會，唯一能改變現況的事情，大概就只有結婚了。

其實，泰莉和曉玲一樣，都是非常稱職的空服員，但是，曉玲對人生充滿積

極的憧憬，泰莉的生活卻沒有任何目標。

旅行對泰莉來說，只是隨興地在世界各地遊玩而已，並沒有把空服員視爲具有發展潛力的工作。她的例子說明了，一個不懂得發現機會，並爲自己創造機會的人，一輩子只能在原地打轉。

如果你也是這樣的人，那麼從現在開始，請拿出你的行動力，就算眼前看似沒有多大作用，也要勇敢前進。

知道自己的目標，也能全心投入，那麼所有的機會自然會接踵而來。千萬不要讓你的安逸和惰性阻礙了理想，倘若能堅持，不向自己的惰性屈服，你的成功便指日可待。

認真的態度讓機會不再錯過

只要你能尊重自己，並且用心付出，誠摯地表現你的工作態度，那麼任何機會一到你手中，肯定一個也不會錯過。

成功學大師拿破崙．希爾曾經這麼說：「你可以隨機找十個人來問，問他們為什麼不能在他們的行業中獲得成就。相信十個人當中會有九個人說，這是因為他們沒有獲得好機會。那麼，你可以觀察他們一天的工作、行為，我敢保證，你會發現他們在一天裡，把每一個自動送到他們面前的好機會，全都推掉了。」

確實如此，真正的機會，通常藏在生活的瑣事中，一不留心，你就可能把握在手中的機會，不知不覺地放掉了。

有一天，拿破崙．希爾站在一家商店的櫃台前，和年輕店員聊天。年輕人告訴拿破崙．希爾，他在這家店已經服務四年了，但是這裡的老闆非常小氣，他的服務也一直得不到主管的賞識，所以正準備跳槽。

在他們談話時，有一位顧客走進這家商店，他對著這位年輕的店員說，想看一些帽子的款式。

沒想到，年輕店員卻對這名顧客置之不理，仍然顧著和拿破崙．希爾說話。直到他說完了話，這才轉身向那名顧客說：「這裡不是帽子專櫃。」

那名顧客有些不耐煩地問：「帽子專櫃在什麼地方？」

這年輕人也不悅地回答說：「你去問那位管理員好了，他會告訴你怎麼找到帽子專櫃。」

看了這種情形，拿破崙．希爾說，很明顯地，年輕店員其實一直有很好的機會，只是他沒有認眞把握而已，因爲顧客正是他最重要的資源，是他提升自我價

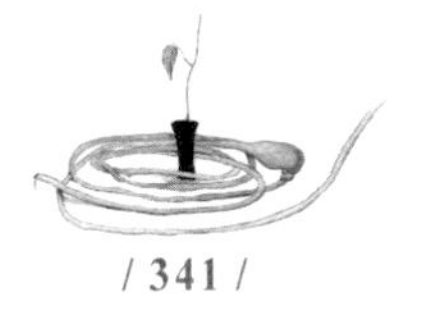

值的重要機會，但是他全部都放棄了。

相信許多人都曾經遇到類似的情況，說不定你也是其中之一。工作的時候全是抱怨，責怪別人不配合或是老闆不器重，卻不肯反省自己的工作態度和用心與否。

你還認爲自己沒機會嗎？

不管什麼樣的機會，不是等著別人送到你面前，而必須靠自己的用心經營和爭取。

不要管別人怎麼看，也別管別人會怎麼跟你搶機會，就算環境或待遇不佳，只要你能尊重自己，並且用心付出，誠摯地表現你的工作態度，那麼任何機會一到你手中，肯定一個也不會錯過。

要有計劃，也要順應變化

在人生的路途上，我們一定會有繞道而行的時候，這時你必須清楚自己的目標，就算轉個彎，也要能掌握前進的方向。

在人生的旅程中，計劃永遠趕不上環境的變化。

但是，不管人生的道路再怎麼曲折，只要你把目光對準目標，最後一定能走到最終的目的地。

你一定曾有過這樣的經驗：當你手上拿著地圖找路時，突然遇上了一塊寫著

「此路不通，請繞行」的路標，因爲地圖上沒有這個標誌，於是你陷入了沒有料之外的窘境。

在人生中，「此路不通，請繞行」的情況時常會出現，這時候，我們就需要修正計劃和進行的步驟，達到期望的目標。

被譽爲「世界上最偉大的推銷員」的喬．吉拉德，曾經這麼說過自己的成功經驗：

對我來說，推銷員的工作真的讓我得到很大的滿足。在我的幫助下，許多人都能擁有一輛可靠、舒適、安全，而且價錢能夠接受的新車。

但是，在我的汽車銷售生涯中，並不是一直這麼一帆風順的，我仍然必須因應一些情況而做改變。例如，為了應付一九七四年石油禁運的突發情況，我不得不在行銷手法上做一些調整。

在我的銷售生涯裡，汽車工業也發生了許多改革，所以身為汽車推銷員的我，當然也必須不斷地學習，隨時吸收汽車的最新資訊才行，並運用這些知識，以提升自己的專業能力。

所以，銷售汽車並不是尋找買主，或是下下訂單那麼簡單而已，你必須知道任何變化隨時都有可能發生，所以也要隨時做好最充分的準備，這對從事推銷工作的人來說，是非常重要的一點。

工作不單只有工作本身而已，在工作中，我們仍得不斷地自我提升，不斷地學習進步，唯有如此，在面對任何突發情況之時，才能夠迅速而且輕鬆地加以解決。

在人生的路途上，我們一定會有繞道而行的時候，這時你必須清楚自己的目標，就算轉個彎，也要能掌握前進的方向。換個角度想，偶然的繞行改道，不也才能看到可能會錯過的美麗風景？

同樣的，在你邁向成功的道路上，所有的突發的狀況，都可能帶給你意想不到的收穫。

和諧相處，才能打好人際基礎

如果無私無我是人間大愛，那我們給予家人的只是夾雜個人過多私慾的小愛，但沒有「小愛」真的能成就「大愛」嗎？

人生中的第一段人際關係來自於家庭，只有獲得家人的認同，才能繼續往外擴展人脈。打從心裡就想迴避人際關係的人，或者只要跟人交際就會感到疲憊的人，通常在家庭裡也無法順利和家人相處。

是怎麼樣的原因造成一個人對人際關係的退縮、畏懼？這是由於過度關心自己，自我意識較強。因爲太重視自己，別人若沒有付出「應有」的關注，就認爲自己被人忽視。太過在意的情況下，與人交往就會出現挫折感。

從最基本的家庭關係，就能延伸到社會這個人際大圈圈。換句話說，唯有處理好自己與家人的關係，才能有良好的人際網路。

一百年前的維也納，有一段感人的故事在一場扣人心弦的露天音樂會上展開。那天，是圓舞曲之王史特勞斯之子小史特勞斯在城郊一家咖啡館的花園裡舉行的個人音樂會。

小史特勞斯從小就被父親遺棄，在母親苦心栽培下成長。由於父親嫉妒他的才華，利用自己的權威，將他拒於維也納的音樂廳門外，所以小史特勞斯只好租下這個露天花園，演出自己的作品。前來的觀眾中，有的是支持小史特勞斯的樂迷，也有人是前來搗亂的老史特勞斯的崇拜者。

首先演奏的是小史特勞斯自己的創作曲，特別獻給母親的頌歌——〈母親的心〉，令人動容的旋律充滿了親情，讓人聽了不禁眼眶泛紅。第二首是圓舞曲〈理性的詩篇〉，在觀眾的要求下，竟連奏了十幾遍，掌聲淹沒了叫聲，這樣的情況

在維也納是很少見的。

在全場轟動的情況下，小史特勞斯一再要求，場上才終於安靜下來，且場面靜得驚人。這時候，小史特勞斯臉上帶著特殊的感情，舉起手，指揮著樂隊，奏起一首節目單之外的柔和樂曲。

觀眾們一聽驚訝不已，這不正是老史特勞斯創作的〈萊茵河畔迷人的歌聲〉！

這時候大家才明白了，年輕的音樂家正用音樂來表達自己對父親的敬愛，用在抒情部分，有另一種更深沉、更含蓄的柔情蜜意。

全場的聽眾無不深受感動，就連原本前來搗亂的老史特勞斯的經紀人赫希也忍不住淚濕衣襟。

「以德報怨」是對待敵人的最高境界，但我們能夠原諒敵人，卻往往無法原諒身邊最親近的人。

如果無私無我是一種人間「大愛」，那麼我們給予家人的只是夾雜個人過多私慾的「小愛」，但沒有「小愛」眞的能成就「大愛」嗎？

社會上充斥著滿口仁義道德，打著宗教口號「行善」的人，但私底下可能棄自己的父母不顧。更有人說，地上的父母只是這一世的父母，天上的父母才是永生永世的父母。

只是，如果連這一世的父母都不懂得照顧，還能顧及來世嗎？說穿了，這樣的說詞不過是爲自己自私的行爲找藉口，抱持如此想法，就相信能爲自己的來生帶來更多福報。

每個人的本質都差不多，覺得自己和別人有所差距，通常來自於過強的自我意識。沒有必要認爲自己比別人差，也無須太在意他人看法，摒除這些沒意義的自我意識，從基本的家庭關係做起。想與人順利交流，經營一段和諧的家庭生活便是第一步。

惰性會讓你一事無成

與其大禍臨頭才抱著佛腳痛哭，不如今天把事情準備妥當，安安穩穩地迎接每一個明天的到來。

古希臘時代的思想家歐里庇得斯曾經說過：「一個人要是好高鶩遠，就會連眼前的小事也做不好。」

想要成功，並沒有什麼特別的秘訣，重點舅在於適時克服自己的惰性，對該做的工作全力以赴。

當別人未雨綢繆地把事情準備妥當，安穩地接受每一個挑戰時，什麼都沒準備的你，又能給自己什麼希望？

陽光照耀下的原始森林非常美麗，鳥兒們也愉快地一邊高歌，一邊辛勤地工作著。其中，有一隻鸝鳥，認爲自己有著一身漂亮的羽毛和美妙的歌喉，便到處遊蕩，整天只曉得賣弄自己的羽毛和嗓子。

看到別人辛勤地工作，美麗的鸝鳥反而嘲笑牠們不懂得享受美好時光，有隻好心的鳥兒提醒牠：「小鸝鳥，趕快做個窩，貯存一些糧食吧！不然，冬天來了你要怎麼辦？」

小鸝鳥輕蔑地說：「冬天還早呢！急什麼呢！何不趁著今天舒服的天氣，快快樂樂地玩耍呢？」

就這樣日復一日，冬天眨眼就到了，所有的鳥兒們都在自己暖和的窩裡休息，但小鸝鳥卻在寒夜裡冷得發抖，只聽見牠哀叫著：「好冷哦！凍死我了，明天一定要快點築個窩。」

第二天早上，太陽又跑出來了，沐浴在陽光中的小鸝鳥，完全忘記了昨晚的

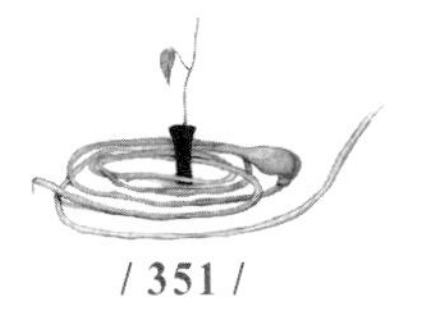

痛苦，又快樂地歌唱起來，一樣到處遊樂玩耍。

這時鳥兒又勸牠：「快築個窩吧！不然晚上又要發抖了。」

這小鸝鳥竟又嘲笑地說：「真是個不會享受的傢伙。」

夜晚再次來臨，小鸝鳥仍然冷得受不了，但是只要白天太陽一出現，牠就又故態復萌，完全忘了築巢這件事。

直到某天的夜晚，大雪突然降臨，鳥兒們都奇怪著：這天晚上，怎麼都沒聽見小鸝鳥的哀叫聲？

第二天早上，等到太陽再次出來時，卻已聽不見小鸝鳥的歌聲了，大家這才發現，原來小鸝鳥已經凍死了。

雖然這只是一則寓言，卻充分說明了我們慣有的惰性，長輩們不也常常叮嚀我們，年輕的時候要多努力，不然臨老後悔莫及？

不論是今日事今日畢的生活態度，還是未雨綢繆的生活哲學，只要今天的你還有能力和體力，就要把握最佳的狀態和時機，把能力盡情發揮。人生有幾個明天可以任你揮霍？若不想成爲一事無成的人，那麼請記住：活在當下。

「活在當下」是我們常聽到的哲理，轉換在生活之中，就是要認認眞眞的把握每一個今天。

雖然風雪今天沒來，但也許明日就到，與其大禍臨頭才抱著佛腳痛哭，不如今天把事情準備妥當，安安穩穩地迎接每一個明天的到來，輕輕鬆鬆迎接下每一個無可預料的機會。

咬緊牙關才能衝破難關

面對困難的時候，如果你能緊咬著牙關前進一步，
在眾人都放棄時再多堅持一秒，
那麼最後的勝利，也就非你莫屬了。

凡事只要用心就一定會成功

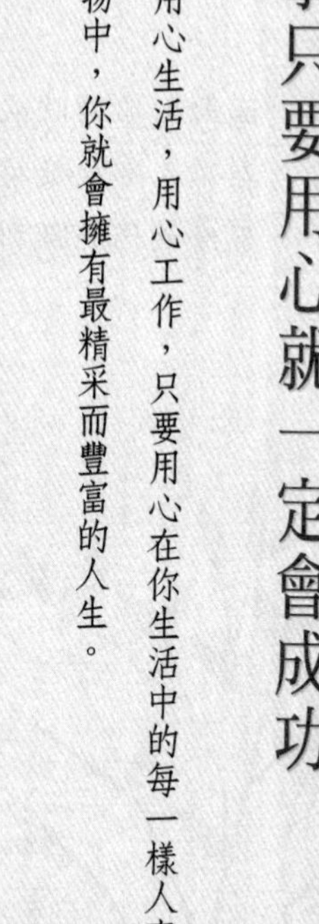

用心生活，用心工作，只要用心在你生活中的每一樣人事物中，你就會擁有最精采而豐富的人生。

做任何事，就只怕不用心，只要用心去做，就絕對不會失敗。這是千古不變的道理，也許成功的因素有很多，但是，「用心」無疑是最重要的元素之一。

亨利．必克斯特恩的父親是一位外科醫生，他自己也即將繼承父業。

在愛丁堡求學期間，必克斯特恩就以堅韌、刻苦而出名，對醫學研究的專心與投入，更是許多人所不及的，而且他對醫學方面的忠誠度，也從來沒有動搖過。

回到了家鄉後，他開始積極地投入醫師的工作行列，但不知道爲什麼，時間一久，他開始對這個職業失去了興趣，更對這個偏僻小鎮的封閉與落後產生不滿。

他渴望能進一步地提升自己，開始喜歡上了哲學和思考。很幸運地，他得到了父親的支持，願意讓他到劍橋大學繼續深造，更期許他能在這個世界聞名的大學中，有進一步的成就。

但是，必克斯特恩太過用功了，導致身體不堪負荷，健康嚴重出了問題。

爲了儘快恢復身心健康，他接受了一項職務，到洛德奧克斯福德當一位旅行醫生。

在這段時間裡，他開始學習義大利文，也對義大利文學產生了濃厚的興趣，慢慢地，他對醫學的興趣更加淡薄了，幾乎就快要放棄醫學了。

回到劍橋之後，他努力攻讀學位，還獲得當年劍橋大學數學考試的第一名。

畢業後，他無法進入軍界服務，只好轉進律師工作。他以一個剛畢業的學生，

進入了內殿法學協會，並且就像以前鑽研任何學問一樣，非常刻苦地鑽研著法律。

在給父親的信中，他這麼寫著：「每一個人都對我說：『以你的毅力，你一定會成功的。』雖然我不知道將來會是什麼樣子，但我知道的是，只要我用心做，就絕對不會失敗。」

二十八歲那年，他被招聘進入了律師界，雖然曾經歷一段相當刻苦的日子，但是後來，他終於成爲一位聲名顯赫的主事官，以藍格德爾貴族的身份，坐在上議院之中。

古羅馬思想家塞內卡曾經提醒我們：「打敗別人並不值得稱道，真正值得稱道的，是那些戰勝自己的人。」

成功與失敗往往只有一線之隔，關鍵在於你是否能戰勝自己的怠惰與負面情緒，在自己選擇的道路上咬緊牙關堅持到底。

那些具有非凡毅力的人，總是能不屈不撓地執著追求，他們不但能贏得成功

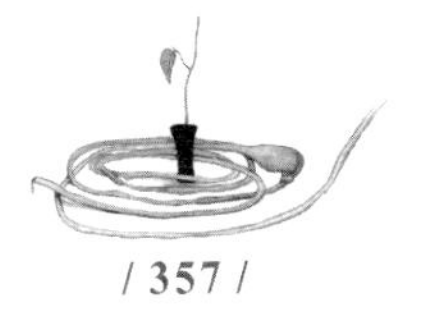

的喜悅，也會贏得人們的敬重。

這也是一種「態度」，許多成功的人，就是具有這樣用心、認眞的人生態度。他們尊重自己，也尊重別人的生活，不管做任何事，從事什麼樣的工作，或是身處什麼樣的環境之中，他們的態度都一樣，不會有任何偏頗，而這也是成功者的最佳寫照。

用心生活，用心工作，只要用心在你生活中的每一樣人事物中，你就會擁有最精采而豐富的人生。

做自己生命舞台的英雄

勇於自我挑戰的人，即使失敗了，也仍然是人群中佼佼者。因為他會不斷地激勵自己，朝更高的人生境界前進，更會從失敗中創造成功。

沒有人能保證每件事都會成功，就算遇上無法避免的失敗，也要盡全力把它做到最好，才能宣告結束。

這才是面對問題時最佳的處理方式。

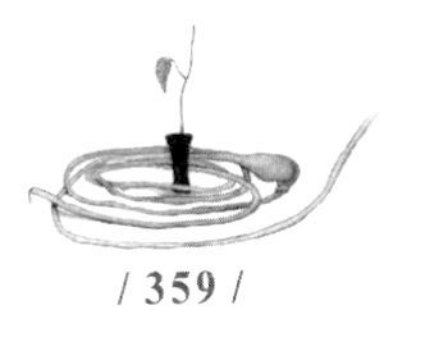

不管在比賽場合或現實生活，拳王阿里都是用積極的方法，來向自己挑戰，並且激勵自己。

多年前，拳王阿里復出與弗來奇爾比賽。在記者會上，阿里仍然像和諾馬士的那場比賽一樣，在還沒有開戰前，就先宣稱自己會獲得勝利。

這也是他早期的拳擊生涯中，經常運用的招數，以預測對手的實力來評量自己的勝算，事實上，當時的阿里和對手們的實力其實相差無幾，甚至有時候還遠不如他們。

現在，阿里離開了拳擊場多年之後，再一次出賽，對手名叫弗來奇爾，是拳擊場上的常勝將軍，但阿里居然仍誇口自己會贏得勝利。不過，這次他預估錯了，因爲他輸了，最後一役的辛苦應戰，也失敗了。

比賽結束後不久，美國有家電視台邀請阿里上節目接受訪問，許多人認爲他吹破了牛皮，上電視節目時一定會被現場觀衆們以噓聲回應。

可是，當阿里出現時，卻獲得現場觀衆們的熱烈掌聲，因爲沒有人認爲他是在愚弄自己，反而認爲阿里是一個以自己名譽做賭注的勇士，即使結果未如他所言，但是比起他的勇氣，勝負只是鴻毛，不值一提。

你還在計較那少了一分的失敗，還是面子不足所少的那一分成功嗎？

這一分眞的有那麼重要嗎？一路走來，你是原地踏步還是往後退步的多呢？如果兩者都有，那麼你目前的成功，其實是一種失敗。

凡是勇於自我挑戰的人，即使失敗了，也仍然是人群中佼佼者。因爲，他會不斷地激勵自己，朝更高的人生境界前進，更會從失敗中創造成功，除了自我設限之外，沒有任何被他人牽制的藉口。

失敗和成功其實相隔不遠，只要願意堅持到底、盡力而爲，你就是自己生命舞台的英雄。

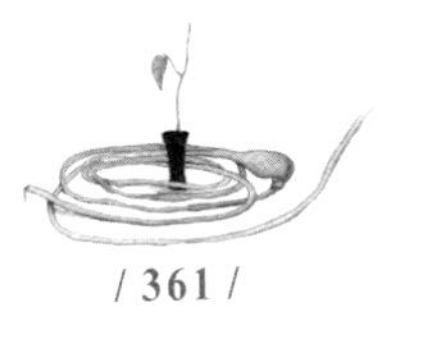

咬緊牙關才能衝破難關

面對困難的時候，如果你能緊咬著牙關前進一步，在眾人都放棄時再多堅持一秒，那麼最後的勝利，也就非你莫屬了。

法國哲學家伏爾泰說：「我們不該為人生的苦難和生命的短促而嘆息，相反的，應該為人生的幸福和生命的持久而慶幸。」

勇敢面對困難，就會讓你的生命充滿希望和活力；具備解決困難的智慧，就會讓你活得更光明，更喜悅。

一九九七年四月的某個星期日，高爾夫球好手老虎伍茲揮出的最後一桿，不僅讓他贏得了該年的冠軍賽，更刷新了歷史的紀錄。

雖然許多人認爲，他能在那場比賽中出人頭地是靠運氣，但熟悉他的人都知道，這個冠軍其實全靠他的堅持得來的。

因爲，老虎伍茲把所有時間都放在高爾夫球的練習上，就爲了獲得這場冠軍賽的參加資格。

在冠軍賽的前兩年，伍茲爲了累積實力，幾乎天天廢寢忘食地練習，不怕挫折的他，就算再枯燥、再艱苦的訓練，也從來都沒有任何怨言，和一絲絲放棄的念頭。因此，他之所以能成爲高爾夫之冠，贏得五千萬以上的身價，可以說是實至名歸。

時裝名人湯米·希爾菲傑也是如此，他以汽車的行李廂，做爲他第一家服飾店的開始。

剛開始時，日子過得非常艱苦。他通常會把車子停靠在路邊，向來往的行人兜售藍色牛仔服，雖然他遇上一次又一次的打擊，甚至面臨了破產的危機，都能

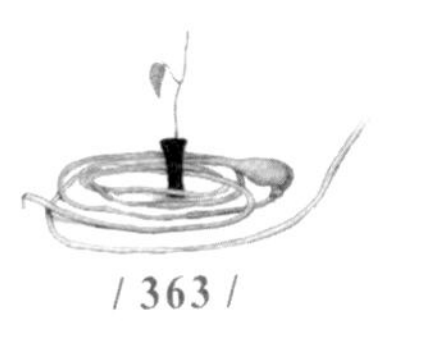

以無比的韌性堅持下去、努力奮鬥。

他相信這個夢想一定能讓他走向成功，而在他的堅持和不放棄之下，如今他的公司年收入已超過了五億美元，成為美國最知名的品牌之一。

遭遇困難的時候，絕大多數的人總是找盡各種藉口，編織各式理由，試圖掩飾自己的懦弱、退縮。但是，事實真的像他們形容的那樣艱難嗎？

逃避和退縮並不能使人好過，只會使人輸得更難受。

前芝加哥比爾斯隊的教練迪卡斯，說過一句名言：「只要你不退出，你就不會輸。」

「不放棄，不退縮」，是成功者的座右銘，也是生活中最常用來勉勵的話，不知道你是不是做得到呢？

面對困難的時候，如果你能緊咬著牙關前進一步，在眾人都放棄時再多堅持一秒，那麼最後的勝利，也就非你莫屬了。

不斷創新，生活就會充滿活力

每一件事物，都會因為看的人不同，身處的環境不同，而有不同的呈現和風貌，只要用心，你的生活面貌就不會只有一個模樣。

生活既是心靈與世界進行的光合作用，也是生命歷程的奮鬥和享受。

想要活得自在快樂，人就必須熱愛自己生命中的一切，如此一來，生活才會不斷激發創意，充滿驚喜與樂趣。

真正成功的人們，總是不斷地探索新奇、動人的事物，也不停尋求解決問題的新方法。

他們認真試驗，不斷挖掘，在這些人的字典裡沒有「墨守成規」，只有不斷的創新和發現，每天都是朝氣蓬勃的新的一天。

二十世紀初，世界畫壇出現了一位天才畫家——畢卡索。他在十六歲那年，就因舉辦了個人畫展而一舉成名。畢卡索一生所留下來的作品將近有四千五百多件，這些作品記錄了他所經歷的各種不同時期的畫風，也記錄了當時繪畫的流行與變化。

但是，由於他的畫作太有創意、變化豐富，反而被當時保守的人士視爲眼中釘，並且被評爲「不合高尙藝術的低級品」，也令當時的人們對他的作品接受度不大。直到近代，畢卡索才被稱爲天才型畫家，是二十世紀藝術界的奇葩。

對畢卡索而言，世界上的各種事物，就算再怎麼普通，他都會像第一次看到一樣，充滿著新鮮感，眼神中更是充滿著想像與好奇。一直到九十一歲去逝的前幾天，他都還拿著顏料和畫筆，不斷地創作著新作品。

許多畫家在創造了一種適合自己的繪畫風格後，便不再改變，特別是當他們的作品得到人們認同後，風格就更加確定了。然而，畢卡索不同，他像終生都沒有找到屬於自己的特殊畫風一般，不停地創新、嘗試，終其一生都在尋找最完美的風格，似乎唯有如此才能表達他的眞正心靈。

所以，畢卡索可以創作各種風格迥異的畫作，每一件作品的表達，他都要求有不同意境的呈現。

他竭盡所能地把眼睛所看到的東西，淋漓盡致地表現出來，讓我們的想像空間也能有所感應，能與他的作品一起發現、探索。

俄國文豪托爾斯泰曾經勉勵世人要有正確的生活態度，他說：「生活不是辛苦的工作，而是愉快的享受。」

生命的寬度及廣度，其實全在於我們看待生活的態度。在那些不甘於平庸的人眼中，生活既是一種心靈的修練，也是一種心靈的享受。

終其一生，畢卡索都在探索這個美麗而新奇的世界，而他的一生，是那些只

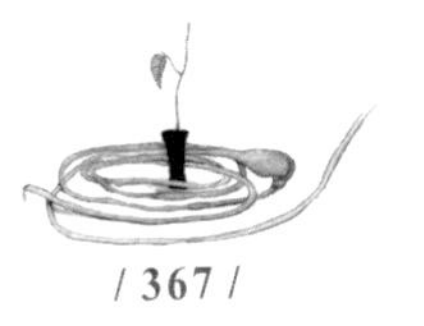

會安逸生活、平淡渡日的人，所無法想像的精采人生。

許多人只會翹著嘴說：「生活無聊」，卻不知道生活周遭有多少新鮮事等著我們去發現。

每一件事物，都會因為看的人不同，身處的環境不同，而有不同的呈現和風貌，只要用心觀看，你的生活面貌就不會只有一個模樣。

保持童心，就能讓生活有藝術感，更能讓你的工作充滿活力和動力。

這是畢卡索說的，不相信嗎？那麼看看畢卡索的畫吧！相信從他的畫中，你會得到不同的啓發。

想達到巔峰，就別怕任何磨練

只要你能克服一路上的磨練，那麼對你來說，往後所有的難題，都只是件簡單易解的小問題而已。

在生活中，我們有許多磨練的機會，想要脫胎換骨，你就必須認眞地接受每一次的磨練，想達到事業的巔峰，任何問題你都必須親自克服，如此一來，你才能眞正享受成功的喜悅。

相傳，很久以前阿拉伯有一位著名的馴馬師，凡是他馴練出來的馬，每一匹

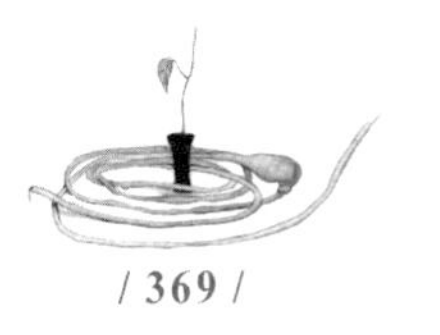

都是寶馬良駒，非常受到愛馬人士的肯定。

認識馴馬師的人都知道，每天早上他會指揮著一群馬，在馬場上繞圈跑步，馬群中有雄健的成馬，也有年齡尚幼的小馬，馴馬師從來不把牠們分齡訓練。而馴馬師的助手則一邊喝斥著馬匹，一邊抓著馬鞍左右跳躍，看起來就像馬戲團的特技表演一樣。

正午時分，太陽最烈的時候，經常可以見到馴馬師和他的助手騎著馬，往沙漠中奔去，直到下午四點左右才回來。有人發現他們從沙漠回來的時候，手上會拿著一把彎刀，像是出征歸來的樣子。

曾經有人問馴馬師：「爲什麼要叫這些馬匹繞圈子？」

馴馬師回答：「因爲那些小馬會跟在成馬的身後，跟著學習聽口令和順服。沒有成馬帶領，小馬不太容易調教，如果我是老師，那成馬就是家長，我在進行教導，父母則在一旁輔導，這樣的合作關係是缺一不可的。」

有人又問：「爲什麼助手要抓著馬鞍左右跳躍呢？」

馴馬師說：「那是在教馬兒學會平衡，維持牠們的穩定性。」他接著又說：

「而正午時分的訓練，則是要讓馬兒們忍受高溫的磨練，凡是經得起這種訓練的馬匹，才能成爲優秀的千里馬。至於彎刀，則是故意舞弄給馬兒看的，利用閃爍的刀光來刺激馬的眼睛，經歷了這些，牠們如果還能鎮定自若，就會是最好的戰馬。」

就像那些被訓練的馬匹一樣，我們也都經歷了一連串潛移默化的訓練，才能在面對問題時知道如何解決，遇上困難時能一一克服。

雖然，你不必在烈日炎炎時到沙漠裡奔跑，不過你所要經歷的磨練，有時卻比在烈日下奔跑來得更加辛苦。

只要你能克服一路上的磨練，那麼對你來說，往後所有的難題，都只是件簡單易解的小問題而已。遇到困難之時，就算是在烈日下奔跑，你也會跑得比別人輕鬆而自在。

轉化心情做自己的主人

只要盡了全力，就能把命運視為使命，不管面對再多的艱難和困苦，只要能把心情轉化，我們就一定能控制自己的命運。

你會怎麼看待你所面臨的難題？是被這些困難壓得喘不過氣？還是轉化心情，努力克服？

不管你用什麼方法，最重要的是，不要被麻煩絆倒了，任何問題都一定會有解決的方法。

在古希臘神話中，有一個小神名叫西西弗斯，因爲犯了天條，所以被天神懲罰到人世間受苦。他所受的懲罰就是：把一塊石頭推到山頂上。

這項工作看起來似乎很容易，但當西西弗斯費了九牛二虎之力，好不容易把那塊大石頭推上山頂後，一停下來休息，大石頭竟然又自動地滾回山腳下了。於是，西西弗斯得一次又一次地把那塊大石頭推回山頂。

這就是西西弗斯所要面臨的嚴厲懲罰：一個永無止境的挫折。天神的眞正目的，便是要折磨他的心靈，讓他在「永無止境的失敗」中受盡煎熬。

每當西西弗斯把石頭推上山時，天神都會故意打擊他，說：「你絕對不可能成功的。」

但西西弗斯一點也不認命，他不讓成功或失敗的結果困住，總會告訴自己說：「把石頭推到山頂是我的責任，只要我把石頭推上山頂，我的責任就盡到了，至於石頭是不是會滾下來，那就不關我的事了。」

當西西弗斯想通之後，每天都非常努力地把石頭推上山。他的心情非常平靜，因爲他會安慰自己，明天他還是能把石頭推上山，明天仍有工作可以做，明天還

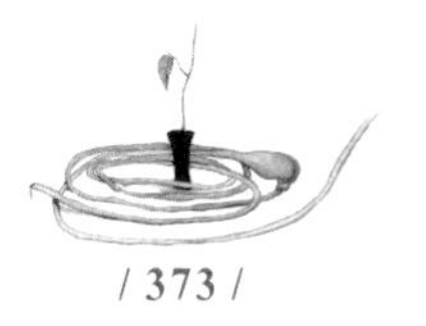

有希望。當天神發現，西西弗斯已經能轉化自己的心境，他所要懲罰的目的已經達到時，便讓他重回天庭了。

對於那些加諸在自己身上，不得不做的事情，你可以滿懷哀怨地把它當成宿命，也可以鬥志昂揚地把它當成使命。

你的態度，毫無疑問地將會決定你的人生高度。

西西弗斯的「永無止境的失敗」，或許可以解釋爲我們一生中所可能會遇上的困難。

也許你和西西弗斯一樣，每天非常努力的工作，但是，西西弗斯面對命運的態度，不知道你是否學會了？

只要盡了全力，就能把命運視爲使命，不管面對再多的艱難和困苦，只要能把心情轉化，我們就一定能控制自己的命運。

寶藏就在你身上

任何好高騖遠的追求，都遠不如挖掘身上的寶藏，只要懂得開發自己的潛能，你就能實現自己的美麗夢想。

英國名作家狄更斯曾經在他的著作中告訴我們：「一個知足的人，才能徹底享受生活。」

生活應該是內心活動的眞實投射，無法靠外在的附加品提昇內在的價値。可是，許多人卻忘了這個簡單的道理，忘了挖掘自身的寶藏，反而捨近求遠，讓自己活在虛妄的追求中。

其實，財富不是非得「捨近求遠」才能獲得，它是屬於那些相信自己能力的

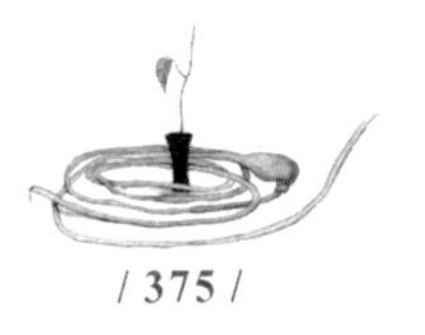

人，聰明的人會懂得珍惜、善用身邊的寶藏，絕不會毫無根據地茫然追尋遠在天邊的神話。

在非洲有一個農場主人，一心一意只想著要發財致富。

某天傍晚，一位珠寶商前來借宿，在餐桌上，農場主人對著珠寶商問了一個放在心裡許久的問題：「請問，什麼是世界上最值錢的東西？」

珠寶商回答：「當然是鑽石最值錢囉！」

農場主人又問：「喔，那要在什麼地方才能夠找到鑽石？」

珠寶商回答說：「這就很難說了，鑽石可能藏在離我們很遠的地方，也可能就在你我的身邊。不過，我聽說，非洲中部的叢林裡可能蘊藏了非常豐富的鑽石。」

第二天，珠寶商離開了農場，但農場主人卻激動得一夜未眠。他想著珠寶商的話，並馬上做了一個決定：將農場以低廉的價格，賣給一位年輕的農民，並且立即出發，去尋找那遠方的寶藏了。

第二年，那位珠寶商又路過農場，同樣在這個農莊裡借宿一晚。

晚餐後，年輕的農場主人和珠寶商在客廳裡閒聊，突然之間，珠寶商兩眼發亮地望著書桌上的一塊石塊，神情極為認眞地問道：「這塊石頭是在哪裡發現的？」

農民說：「在農場旁的小溪中發現的，有什麼不對嗎？」

珠寶商非常驚訝地說：「你知道嗎？這可不是一塊普通的石頭，這是一塊天然的鑽石啊！」

於是，他們興奮地來到溪邊，在同樣的地方又發現了一些天然鑽石，後來經過專家的勘測，發現這整個農場的地下，竟蘊藏著巨大的鑽石礦產。

年輕的農場主人意外地成了億萬富翁，至於，那位跑到遠方去尋找寶藏的老農場主人，卻是一去不返，聽說他成了一名乞丐，最後跳進河裡失蹤了。

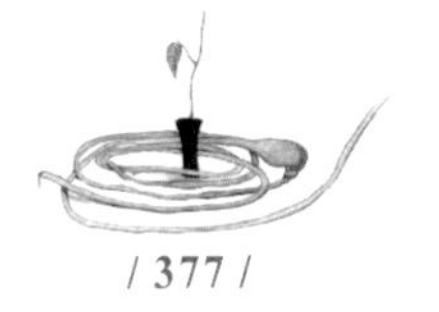

思蒂恩．羅賓遜與湯姆．柯培特合著的《夢想家的字典》裡提醒我們一件相當重要的事：「如果你想要成功，那麼，就不要盲目追逐潮流，不管做什麼決定，都要先妥善地評估自己，先問問自己想做什麼，又具備哪些能力、條件。」

美國激勵大師安東尼．羅賓曾經一再勸告我們說：「任何好高騖遠的追求，都遠不如挖掘身上的寶藏，只要懂得開發自己的潛能，你就能實現自己的美麗夢想。」

這樣的故事也許近似神話，但是，寓意卻非常深遠，因爲只有當你明白身邊每一個機會的無價時，你才會發現「近在咫尺」的寶藏。

唯有知道自己的能力所在，了解自己內在的潛能，你才能認眞開發自己身上的「鑽石」；不必千里迢迢地尋找外在事物的肯定，你就能以自己所擁有的寶藏爲榮。

能為團體努力，便所向無敵

想擁有一個合作無間的團隊，便要拿出自己的熱情，為團體努力，如此一來，你將以身為其中一員為榮。

英國有一名酪農，因爲支持的巴西隊輸了球，感到非常生氣，就把自己所養的名爲「羅納度」的大公牛給閹了。

也有媒體因爲球技高超的羅納度進球成績不佳而將他批爲罪人。然而，團體運動的勝敗豈是一個人就能決定的？

任何事業的成功，都是靠衆人的力量再加上團隊精神而達成。不管是誰，都不能小看自己在團體中所扮演的重要角色。

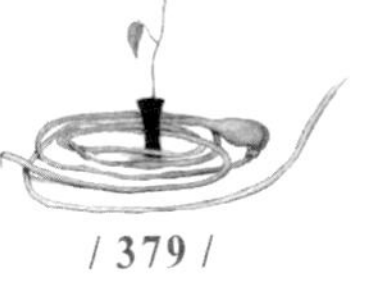

有一天，一隻雲雀見幾頭獅子追逐著一群斑馬，眼看就要接近了，斑馬驀地停下，迅速圍成一個大圓圈，一個個頭朝裡、尾朝外，獅子衝上前時，才剛碰到斑馬的尾巴，便有一隻隻強勁的後蹄亂踢過來，重重捶打在獅子的腦袋和身上。

獅子吼聲震天，卻無可奈何，最後只能放棄即將到手的獵物，垂頭喪氣離開。

雲雀覺得斑馬的圓圈陣非常高明。

第二天，雲雀在藍天裡唱歌，卻發現那幾隻雄獅，緊緊追趕著一群野牛，當距離越來越近時，野牛們呼啦一聲散開，形成了一個大圓圈。可是，牠們一個個頭朝外，尾向裡。

雲雀急壞了，飛來飛去喊道：「你們站錯了，快，重來，像斑馬那樣，頭向裡，尾對外！」野牛們雖然聽到了，卻不加理睬，鎮定地屹立著不動。

一隊大雁在牛陣上空飛動，聽到雲雀的呼喊，領頭雁立刻制止道：「雲雀，別瞎叫了，野牛這樣布陣是有道理的。」

談話間，飢餓的獅子張開血盆大口，兇狠地撲向野牛。野牛們肩並肩，一齊舞動著頭上的兩隻銳角，迎擊外敵。進攻的獅子，被尖角刺得頭破血流，狼狽不堪，夾起尾巴逃竄了。

雲雀長長地呼了一口氣，讚嘆說：「哇，野牛站的位置雖然與斑馬不同，倒也挺管用的。」

領頭雁嘎嘎地笑了：「牠們爲了發揮自己的本領，站的位置確實相反，不過，牠們的精神都極爲可貴，在強敵面前，總是能團結一致！」

不要認爲自己在團體中微不足道，便不願努力；只要集結所有微小的力量，就可以爆發出驚人的威力。

就像斑馬和野牛群，如果其中有任何一隻動物因爲害怕而臨陣脫逃，使得圍成的圓圈出現漏洞，獅子就能突破重圍，造成一番死傷場面。

在季節交替時，蹬羚遷移的過程是這樣的：一群蹬羚必須越過滿是鱷魚的河

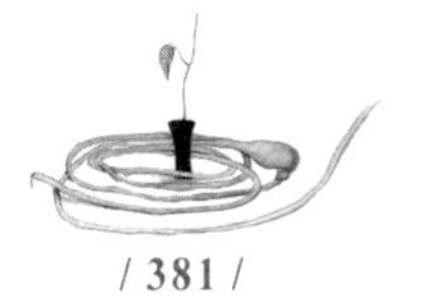

川才有辦法到達對岸。牠們一隻隻毫不退縮地往水裡奔去，前頭的蹬羚被鱷魚攻擊的同時，後頭的蹬羚便趁機快速通過河川。

在團體的活動中，若是自私地爲了追求個人的榮譽而特立獨行，只會導致整個團隊的失敗。

團隊的榮耀是建立在每個分子共同的努力和眞誠的貢獻之上的，缺一不可。想擁有一個合作無間、默契十足的團隊，便要拿出自己的熱情，爲團體努力，如此一來，你將以身爲其中一員爲榮。

改變你的心境，就能改變環境

Change for the better

把逆境變成順境的心境調整法

黛恩——編著

秦倫底馬斯說：
「你可能做不到你想做到的一切，但是，你絕對可以做到你希望做到的一切。」

我們經常會為自己做不到的事情找藉口，但是與其為這些無法改變的事實鑽牛角尖，還不如改變自己的心境，把一切的不如意當成是老天給自己的禮物，才能為自己所面臨的困境找到出口。

感謝那些讓你吃苦的人全集

作　　者　凌　越
社　　長　陳維都
藝術總監　黃聖文
編輯總監　王　凌
出 版 者　普天出版家族有限公司
新北市汐止區忠二街 6 巷 15 號
TEL ／ (02) 26435033 (代表號)
FAX ／ (02) 26486465
E-mail：asia.books@msa.hinet.net
http://www.popu.com.tw/
郵政劃撥 19091443 陳維都帳戶
總 經 銷　旭昇圖書有限公司
新北市中和區中山路二段 352 號 2F
TEL ／ (02) 22451480 (代表號)
FAX ／ (02) 22451479
E-mail：s1686688@ms31.hinet.net
法律顧問　西華律師事務所．黃憲男律師
電腦排版　巨新電腦排版有限公司
印製裝訂　久裕印刷事業有限公司
出 版 日　2020 (民 109) 年 3 月第 1 版
I S B N◉978-986-389-713-2　　條碼 9789863897132

國家圖書館出版品預行編目資料

感謝那些讓你吃苦的人全集／
凌越著.—第 1 版.—：新北市,普天出版
民 109.3 面； 公分. - (生活良品；14)
I S B N◉978-986-389-713-2 (平裝)

生活良品
14